# 約定之地

## 24位在台灣扎根的日本人

BABA Masaki
馬場克樹 著

亞麻仁子 翻譯統籌

PROMISED
LAND

《約定之地》主題曲〈Promised Land〉

作詞／作曲：馬場克樹 Masaki Baba　歌詞中文翻譯：石學昌

# 〈Promised Land〉

Promised Land
街角に人の優しさ溢れている
Promised Land
亜熱帯の風に僕は吹かれている
別れと出会い重ね
今の僕がある
すべてはつながってく
きらめく空の下で
Promised Land

Promised Land
街角滿溢著人們的溫情
Promised Land
亞熱帶溫潤的徐風繚繞我身
別離與邂逅交織重疊
才有今日的我
在輝煌閃爍的天空下
一切悉數相繫
Promised Land

請掃描下方 QRcode
欣賞〈Promised Land〉MV

バイクの群れが僕の鼻唄掻き消してゆく
Promised Land
いつしか僕もこの街の風景の一部になる
涙も張り裂けた夢も
この場所へ続く道のり
すべてはつながってく
かがやく星の下で
別れと出会い重ね
今の僕がある
すべてはつながってく
きらめく空の下で
涙も張り裂けた夢も
この場所へ続く道のり
すべてはつながってく
かがやく星の下で

我輕聲哼唱的聲音被摩托車的陣丈淹沒
Promised Land
曾幾何時我也漸與街上的風景融合爲一
淚水和皸裂的夢
都是延伸到此處的道路
在耀眼奪目的星辰下
一切悉數相繫
別離與邂逅交織重疊
才有今日的我
在輝煌閃爍的天空下
一切悉數相繫
淚水和皸裂的夢
都是延伸到此處的道路
在耀眼奪目的星辰下
一切悉數相繫

本書文章原刊登在
《nippon.com》中文版，
重新翻譯編修，
特此感謝！

# 目次

推薦序

# 充滿日本人「感謝台灣」的心意的一本書

野島剛（資深媒體人，作家）

我是個記者與研究員，同時也是日本多語言媒體網站《nippon.com》中文版的總編輯，平時的工作就是傳遞關於台灣的各種訊息。四年前，我邀請馬場克樹先生擔任《nippon.com》的連載作者，專欄名稱就叫作「在臺灣扎根的日本人」。猶記得當時還與馬場先生約定好，專欄一定要連載達二十篇，之後再將所有文章集結出版。後來，馬場先生果眞依照當時約定，連載文章多達二十餘篇，每一篇都獲得讀者的熱烈迴響。專欄在二〇二一年十月劃下完美句點，緊接著文章順利集結成冊，在台灣出版上市。馬場先生實現了我們當初的約定，他的這般執行力，實在令人深深敬佩。

我和馬場先生相識於大約十年前，當時我的身分是《朝日新聞》的台北特派員，馬場先生則是日本台灣交流協會的公關負責人（「文化室主任」）。那時對他的印象是個沒有架子、十分平易近人的人，而且細心又謙虛，完全不像個公務人員。後來我回到日本之後，聽說他辭去國際交流基金會的工作，決定定居台灣。

辭掉國際交流基金會這麼一個隸屬於政府體系的工作，這對追求安定的日本人來說是完全無法想像的決定。只不過，不知為何我卻有種「他果然還是決定了」的感覺。因為他的個性本來就不是個能夠滿足於單一企業或團體的人。

關於他後來的活躍事蹟，相信台灣的各位都非常清楚。他以歌手的身分，用明朗的歌聲唱遍台灣各地；作為一個演員，他在電影和電視劇中展現了獨特的演技。同時他也是台北人氣居酒屋「北村家」三年的店長，總是熱情地細心招呼客人。他真的是個什麼都會的人，這對只會寫文章的我來說，簡直羨慕不已。然而我也相信，比起日本，在擁有包容且多元文化的台灣社會，這樣的多樣才華才得以獲得更大的發揮空間。

馬場先生的才能之一就是寫作。他的文字明亮近人，且內容扎實。文章可以顯現執筆者的個性與性格。除此之外，有時候也會受到寫作當時的心理狀態所影響。在專欄連載的這四年，他一直都是以中立的觀點，將每一個在台灣奮鬥的日本人的故事，介紹給日本和台灣的讀者。這絕對不是件容易的事。

這本《約定之地：24位在台灣扎根的日本人》裡所介紹的日本人，每一位都相當具有個人特色，有自己的想法和技能，在台灣這塊不同於日本的土地上不畏艱苦地為夢想努力之下，終於融入台灣社會，並且嘗到成功的滋味。而作者馬場先生自己，或許就是最有資格作為本書主題「在台灣扎根的日本人」的第一人。

日本雖然是個很好的國家，可是卻不像台灣這般自由、快樂與開朗。每一個選擇了在台灣生活的日本人，都會覺得自己獲得台灣社會的接納和歡迎。台灣拯救了他們的靈魂，也給予他們全新的人生。平時雖然沒有說出口，但大家都是懷著對台灣的感謝在生活。

這本書就像是集結了日本人的這種感謝的心情。二〇二一年正好是日本三一一大地震滿十週年，也被定位為「日台友情年」。透過馬場先生的文字，我們向台灣人傳達了「感謝台灣」的心意。從這一點來說，這本書可以說是最適合為二〇二一年劃下完美句點的一本書。

圖片提供／北村豐晴

■ 北村豐晴 KITAMURA Toyoharu

# 十年磨一劍——

## 【台灣電影導演】北村豐晴的夢想與堅持

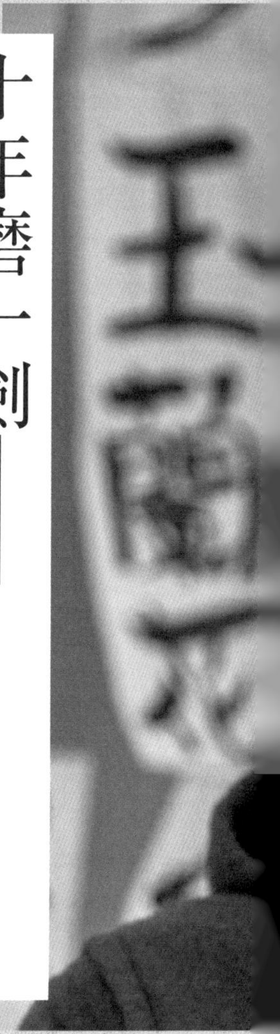

一九七四年出生於滋賀縣，平時定居台灣，身兼電影導演、戲劇導演、演員等身分。畢業於國立台灣藝術大學電影系，他執導的代表作品，電影有《愛你一萬年》（二〇一〇年）、《阿嬤的夢中情人》（二〇一三年），電視連續劇則有長澤雅美領銜主演，在日本也引起話題的《流氓蛋糕店》（二〇一三年）、二〇一七年獲得金鐘獎七項共九人提名，並獲得戲劇節目女主角獎及新進演員獎的《戀愛沙塵暴》（二〇一六年）、《逃婚一百次》（二〇一七年）、《戒指流浪記》（二〇二〇年）。曾參與許多電影、電視劇、廣告的拍攝工作，如《海角七號》（魏德聖導演二〇〇八年）、《甜・秘密》（許肇任導演，二〇一二年）等。

有台灣艾美獎之名的「電視金鐘獎」第五十二屆頒獎典禮於二〇一七年九月三十日舉行。由日本導演北村豐晴執導的電視連續劇《戀愛沙塵暴》是當屆最被看好的一部作品。這部作品共有九位成員入圍七個項目的提名，其中也包含北村自己的最佳戲劇導演獎在內，最後榮獲戲劇節目女主角獎及新進演員獎的肯定。於二〇一六年首播的《戀愛沙塵暴》是「植劇場」系列第一部作品，「植劇場」由資深製片兼電影導演王小棣推動，企圖為台灣的電視連續劇開創新的一頁。《戀愛沙塵暴》是部愛情喜劇片，以輕快的節奏描述一家五口每個成員悲喜交織的戀愛故事，讓電視機前的觀眾隨著情節歡笑落淚。北村豐晴不論是身為電影導演或演員都逐漸步入成熟階段，以下為筆者追蹤踏上台灣的土地後，北村豐晴二十年一路走過的足跡。

## 夢想的起點

一九九七年八月，年僅二十三歲的北村豐晴買了單程機票，降落在台灣桃園機場。其實早在前一年，北村就曾為了當「能講中文的舞台劇演員」，前往中國電影暨戲劇界的登龍門，北京中央戲劇學院遊學。後來他研判起碼要花上兩年時間紮實地學習中文，否則不可能達到足夠在戲劇中使用的中文程度，再加上遊學費用即將用盡，於是考慮先暫時返回日本，重新整頓一番。當此之際，有位來自台灣的留學生對他說了一句話，「在台灣可以一邊工作一邊學語言」。北村於是開始將眼光轉向台灣。

「那時候我想要去台灣賺錢，然後存錢回北京留學。」北村笑著回想。

這位以「凡事先做再說」為信條的樂天年輕人，就此飛向了台灣的懷抱。

## 走自己的路

不知道從什麼時候開始，北村心裡就有著要當演員的夢想。高中畢業後，他下定決心，離開故鄉滋賀縣搬到大阪居住，加入了一個小小的劇團。從那之後過了約莫兩年，他心頭又萌生別的想法，打算去當一個「能表演落語的舞台劇演員」（備註：「落語」是日本的單口相聲），而拜師於笑福亭福笑的門下，獲賜藝名「笑福亭 Hatena（問號）」，從此投入落語的練習。但事與願違，一年後北村突然被逐出了師門。不過，北村豐晴還是沒辦法放棄當演員的夢想，下一個浮現於他腦中的點子，就是去當個「能講中文的演員」。

抵達台灣後不久，北村就到一間日籍老闆開的日本料理店工作。雖然這間餐廳的待遇很好，但一年過後他的北京留學資金卻還存不到原本預定的一半，他也開始對每天往返於餐廳跟家裡的單調生活感到厭倦，覺得成爲演員的夢想彷彿離自己逐漸遠去。就在北村開始煩惱要不要回日本時，唯一一位尊稱北村爲「老師」的打工大學生如此開導他。

「北村老師這麼有才華，要不要留在台灣再努力一下呢？只要去語言學校上課把中文學好，之後想做什麼都沒問題的。」

這一番話讓北村深受鼓舞，便決定去政治大學的語言教學中心就讀，同時也幸運地獲得校方給予的獎學金補助。在北村的回憶裡，待在語言中心唸書的這一年，是段充滿玫瑰色彩的美好時光。那時候他不光是跟台灣人與日本人相處，也每天和各式各樣的外國人交流，曾幾何時，北村開始萌生「眞希望就這樣進大學唸書，繼續當學生」的想法。

## 大膽嘗試、積極參與

一九九九年某日，北村來到了台灣藝術大學電影系的面試會場，他把一頭金髮綁成辮子頭，穿著條紋皮褲，腳踩木屐就這樣出現。北村的戰略是要用外表的強烈印象來一決勝負，而且，當負責面試的教授要他「拿出你過去的作品」時，北村是這麼回答的。

「我的作品就是我自己。」

北村的誇張演出，究竟有沒有打動面試官不得而知，幸運的是，那一年台灣藝術大學初次對留學生打開大門，而台藝大開放給外國留學生的兩個名額，只有北村跟另一位英國來的考生報考。北村高興地說：「如果我晚一年考，恐怕就會落榜了。」之後，北村迅速嶄露頭角，入學隔年二〇〇〇年時，他首度執導的作品《歐巴桑》獲得了第三屆台北電影節市民影展評審團特別獎的肯定。

下一次轉機在二〇〇二年到來，他以演員身分參加吳米森導演的《給我一隻貓》的演出。這部電影遭到隔年爆發的SARS疫情正面衝擊，票房成績並不起眼，不過全片由武田眞治領銜主演，年紀尚輕的張孝全也在其中尬戲。透過這部片，北村體會到學生製片跟商業電影間的水準差距，讓他深受震撼。另一方面在二〇〇三年時，北村也以製片兼演員的身分，參與製作由他在台藝大的同學蕭力修執導的《神的孩子》一片。

「一般來說學生電影只要花幾天就拍完了。不過，這部片花了一個月的時間拍攝，走遍彰化、台中、台北、新北、基隆各地。我那時候的責任是要統籌拍攝團隊，這段過程中所有成員同心協力，徹底專研劇本，對每一個鏡頭都窮極講究，最後確實感受到自己眞的成就了一部超越學生電影等級的作品。」

一如他所體會到的，《神的孩子》在二〇〇四年入圍了第四十一屆金馬獎最佳創作短片、最佳視覺效果。於是，他再次湧起一股渴望，渴望要在眞正的電影拍攝現場工作。對此他的同行夥伴也幫了北村一把，在《給我一隻貓》裡擔任副導，後來執導電影《甜‧秘密》的導演許肇任，以及電影《翻滾吧！阿信》的導演林育賢等人都對北村伸出援手，讓他除了當演員參與演出外，也獲得一些幕後工作機會，好比說導演助理或現場口譯等。除此之外，他也接連參與許多日台合作電影的拍片，例如魏德聖導演創造台灣電影史上空前旋風的作品《海角七號》、由侯孝賢執導，一青窈主演的《珈琲時光》、行定勳導演的《春之雪》等等。北村豐晴一邊親眼見識各家大師互有千秋的拍攝手法，同時也奠定自己拍電影的各項知識、經驗、人脈等基礎。

## 執導電影上院線片，贏得業界與觀眾的肯定

二〇〇六年，北村自台灣藝術大學畢業，隔年進入台北藝術大學研究所就讀。他在報考時繳交的個人作品，就是短篇電影《愛你一萬年》。這部片在二〇〇八年時，入圍專替年輕電影人設立的影展「金穗獎」第三十屆最佳劇情ＤＶ類。同時，還引來多年來擔

任台灣「金馬影展」主席，主掌影展並兼任台北藝術大學教員的製作人焦雄屛關注，建議他改寫劇本發展爲長篇電影。當北村花兩年時間寫好劇本後，焦雄屛更親自出任製片，終於在二〇一〇年時，北村首部於大銀幕上映的長篇電影處女作《愛你一萬年》正式殺青。本片請來台灣人氣偶像團體F4的成員周渝民，以及日台混血女星加藤侑紀擔綱主演，在台灣以及北村的故鄉滋賀縣拍攝，描述一對分別來自台灣與日本的男女，雙方締結九十天戀愛契約引發的愛情喜劇片。

接著在二〇一三年，由北村豐晴與前述的蕭力修兩人共同執導，推出的第二部長篇電影《阿嬤的夢中情人》正式上映。這部片請來台灣當紅的演員藍正龍以及安心亞擔綱主演，全片交雜著台語，拍成一部向半世紀前台灣電影黃金時代致敬的愛情喜劇片。這部片不但獲得當年第十五屆台北電影節的最佳劇本獎，也獲邀前往隔年的大阪亞洲電影節上映，並奪下頒給優秀娛樂作品的ABC獎殊榮。

## 對愛情喜劇情有獨鍾的堅持

二〇一三年起，北村豐晴開始參與電視連續劇的拍攝工作。由長澤雅美主演，後來也在日本上映的《流氓蛋糕店》，就是北村第一部執導的電視連續劇。在那之後，二〇一五年時有《台灣愛情捷運——奉子不成婚》、二〇一六年時則執導了本文一開頭提到的《戀愛沙塵暴》，劇中還請來日本影星櫻庭奈奈美客串演出。此時有一個現象引起了媒體關注，那就是長澤雅美與櫻庭奈奈美兩人，都在接演北村的電視劇之後，收到活躍於好萊塢的香港電影導演吳宇森邀請，參與電影演出。這件事是純屬偶然嗎？如果有機會筆者眞想直接問問吳宇森導演。而話又說回北村，北村豐晴的作品，今後又會往什麼方向前進呢？

「今後，我仍會繼續堅持拍攝愛情與喜劇，直到哪天觀衆看膩，或是我自己拍膩爲止。」

北村豐晴的作品舞台幾乎都設定在台北城裡。對於一直都住在台北的北村來說，此舉的優點在於他不必從頭設定故事的日常生活背景。不過，北村也說，未來他希望能前往台灣其他地區拍攝，像是南部的城鎮，若有機會也想前往日本拍片。北村會如何以他的風格與視角，捕捉當下的日本社會呢？對這點寄與厚望的人，我想絕不單只有當事人自己才是。

「關鍵在於你有沒有做好覺悟，願意花整整十年持續做同一件事。《愛你一萬年》

是我用堅定的信念跟執著拍完的作品。一個人花多少時間努力，就能彌補天分的不足。只要把自己保持在良好狀態，那麼機運跟緣分遲早會降臨在你身上。」

北村對下一個世代的電影人如此喊話。

「台灣是讓我美夢成真的奇蹟之島，是名符其實的『美麗島』。」

北村導演如是說道。二〇一七年金鐘獎，他的導演功力終於獲得肯定，抱回了二座金鐘獎。同年十二月出版遷居台灣二十週年的紀念自傳《騎摩托車戴安全帽那一年——一九九七我成為最台日本人》（大田出版）。接下來陸續執導《逃婚一百次》、《我是顧家男》、《戒指流浪記》等電視劇作品，聲勢正熾的北村豐晴，成為台灣愛情喜劇片的佼佼者。二〇二一年在植劇場2《綠島金魂》首次嘗試驚悚片，正當在綠島拍攝即將殺青之際，因為全國疫情升溫三級警戒而被迫中斷拍攝。但包含這部即將完成的作品，他的未來動向勢必越發令人注目。

攝影／衛藤 Kiyoko

■青木由香 AOKI Yuka

# 宛如轉動的石頭——

【作家】青木由香

出生於神奈川縣。就讀多摩美術大學期間，開始到世界各國旅行。二〇〇三年移居台北，二〇〇五年在台灣出版的《奇怪ㄋㄟ－台灣》成爲暢銷書。二〇〇八年，個人網站「台灣一人觀光局」在台灣的電視節目播出，隔年入圍第四十四屆電視金鐘獎綜合節目主持人，成爲該獎項首次被提名的外國人。二〇一五年在台北大稻埕開設精選雜貨店「你好我好」。日本台灣均有書籍出版，代表著作有《奇怪ね－台灣》（中文、日文版）、《最好的台灣》、《台灣好貨色》（中文、日文版）。二〇二〇年《你好我好》廟口店（二號店）開設後，因爲疫情而結束一號店，並加強網路銷售。

距今十六年前，移居台灣兩年多的一位日本女生寫了一本書並成爲暢銷書，書名爲《奇怪ㄋㄟ－台灣》（布克出版社，二〇〇五年），作者是青木由香。這本書採日中雙語對照，用富於情感和充滿幽默的筆觸描寫出台灣的社會、文化與台灣人的習性，之後數度再刷，發行量共超過三萬本（此書日文版於二〇一一年由日本的東洋出版社發行）。在那之後，青木作爲深入認識台灣文化的先鋒，持續在台日兩地發表作品，另一方面當日本媒體來台灣進行採訪時，她擔任台灣的統籌工作也做得有聲有色。現在同時身兼日本廣播節目的主持人，並在台灣開了雜貨店當老闆，如此多才多藝的青木由香，讓我們一同追尋她過去十八餘年的足跡。

## 初訪台灣，對發自內心的親切回應大為吃驚

華語留學生、腳底按摩師、畫家、作家、媒體執行統籌、電視節目主持人、廣播節目主持人、雜貨店老闆。隨著轉換目不暇給的多元身分，青木持續不墜以她獨特的感性視角出發，捕捉到各式各樣台灣有趣的事物與現象，並傳達給大家。青木和台灣的邂逅始於二〇〇二年，契機是當時在打工同事的邀約下，偶然地到台灣旅行。

青木從就讀美術大學的學生時代開始，就以背包客的方式到世界四十多個國家旅行，她對攝影很有興趣，想透過鏡頭收藏陌生土地的風景，這原本是到世界各地旅行的動機。即使語言不通，但想盡辦法和當地的人進行溝通，對青木而言是再開心不過的事，她的足跡甚至遍及了現在因爲局勢不安而成爲旅遊警戒區的敘利亞及約旦，還有當時內戰剛結束不久的柬埔寨等國家。剛好在那一陣自我放逐的熱潮告一段落之後拜訪了台灣，青木回顧初訪台灣時的感動，說道：

「在路邊做生意的歐巴桑，知道我是日本人的時候，就拼命地用簡單的日文單字跟我打招呼。通常我在國外遇到的情況是，如果對方發現語言不通的話，就會立刻轉過身去，或者是死纏爛打的爲了某個目的黏著你不放。可是，在台灣看到的是出自內心的笑容迎接你，台灣人的親切友善，對於已經習慣在世界各地旅行的我來說，反而嚇了一大跳。」

## 在台灣生活而意識到，憑著自己的感性與感覺而活就好

台灣人的人情味以及好客精神讓她受到心靈上的衝擊，完全被這片土地所吸引，因此

青木在兩個月後再訪台灣，收集了關於移居台灣的資料。緊接著同年十一月她就以華語留學生的身分，第三次踏上台灣的土地，而且一邊在語言學校上課，同時住進了之前曾經光顧過的小間按摩店當學徒，學習腳底按摩。

「我沒有自信可以靠美術這行吃飯，先前在這間按摩店做完腳底按摩後，頭腦和身體都好清爽，情緒也變得正向積極，有這樣的親身體驗，所以自己也想要學習。如果能夠維持那份清爽的感覺，我覺得自己可以在台灣可以做些什麼。……我有預感自己在台灣應該也一定能夠有番作為吧。」

大約過了半年之後，青木的興趣從腳底按摩轉移到台灣茶，她幾乎每天都到茶館品茗，學習茶藝。她在「德也茶喫」這間茶館，第一次接觸到被稱為「功夫茶」的傳統中式飲茶法和宮廷御點，不久之後她也受老闆之邀參加了品茗同好的聚會，一腳踏入了需要經過好幾年熟成的「老茶」世界。老茶少了咖啡因含量，散發著梅子般的香味，但是一入喉，又會出現不同的香氣，於是對老茶這一門深奧的學問起了好奇心。珍貴稀罕的老茶也成為商人的投資對象，變得非常昂貴，但是台灣的茶友對於眼前這位求知慾旺盛的日本留學生，不僅是完全接納，而且大方分享，讓她品嚐各式各樣的茶種。於是，青木把品茗的經驗寫成文章，放在部落格或雜誌上，向日本傳遞資訊。

結果，看到那些文章的「品茗鑑賞家」打算從日本專程前往青木推薦的台灣茶館。然而，面對日本品茗鑑賞家來信之中的廣博知識，只是單純喜歡茶的青木卻退縮了，迷惑而不知所措。究竟怎麼做才算是品嚐一壺好茶呢？在台灣具有代表性的茶人「九壺堂」的老闆這樣回答青木的疑惑。

「好喝的飲茶方式，由喝茶的人自己決定就好了。」

茶本身就是嗜好品，根據發酵程度、水溫、茶具、茶葉量等不同，味道和香氣會產生變化，必須自行多方嘗試，研究出自己覺得最好喝的飲茶方式，於是老闆把整整一大筒的昂貴老茶送給了青木。

「比起對飲茶儀式或流行、茶具的堅持，他教會了我更重要的事情，他的這番話我銘感在心。不需要任何證書來證明自己，只要憑藉自己的感性和感覺好好地生活就好，我意識到此刻自己覺悟了。」

## 享受自己多元化的身分

青木的作品之命脈是她觀察事物有著嶄新的視角。察覺到自己獨一無二的感性與感覺正是她最大的財產，因此在台灣將觸角延伸到更多領域。留學屆滿一年半之際，她開始考慮差不多該回日本了，剛好此時經常光顧的茶館老闆詢問是否有興趣在他認識的畫廊舉辦個展，不拘限任何作品。她經過深思熟慮之後，決定舉辦水墨畫展，於是青木把留學期間再延長一個學期，接受辦個展的提議。她自己把展覽空間的牆壁重新塗成粉紅色，將大約二十幅的水墨畫裝框之後陳列，進行展示販賣，幾乎全部售完。購買作品的顧客中，也有曾任記者的知名作家陳柔縉。

而青木在展覽會結束之後，親自把畫作送到陳柔縉的辦公室時，剛好有出版社的編輯在場，在陳柔縉的介紹之下，這位編輯對於青木的經歷相當感興趣，於是當場便委託了青木寫書和書本裝幀設計這兩項工作，三個禮拜後她接到電話通知，出版的合約已準備好了。於是，本文一開頭介紹的處女作《奇怪ㄋㄟ－台灣》就這樣誕生了，而且成爲暢銷書。

「台灣是個對於前途莫測、無法預料、即使尚在『起點』的東西，但只要人們覺得有趣，就會不斷給你機會的一個地方。」

青木回想了當時的狀況。二〇〇五年十二月，這本書發行之後，配合台北國際書展舉辦作家簽名會，現場排起了長長的人龍。頂著「作家」頭銜，乘著這股機會的浪潮而成了提供台灣資訊的先鋒，她接到許多為雜誌、電視、電影等媒體擔任執行統籌的工作，也陸續發表了以台灣生活文化為題材的著作。甚至被拔擢為JET綜合台電視節目《台灣一人觀光局》的主持人，並在二〇〇九年第四十四屆電視金鐘獎「綜合節目主持人」，成為該獎項首次被提名的外國人。

青木經歷結婚、生產、日本三一一大地震之後，迎接人生的下一個轉機。在她的統籌之下，由知名品牌舉辦的台灣媒體參訪團成功落幕，因著那次的統籌工作她一邊撫育嬰幼兒、一邊長時間離家工作，而體認到兩者在現實上難以兼顧的現況，為取得育兒與工作的平衡，二〇一五年，她在台北的舊城區大稻埕開設了雜貨店兼藝廊的「你好我好」，作為固定的事業據點。開幕時，實現了與攝影師川島小鳥的聯名合作企劃。

「店名取為『你好我好』是希望在這裡可以創造日本和台灣、店家和顧客，彼此都開心的雙贏關係。開店讓我改變最多的，就是從一直以來的買方立場，變成了賣方。現在店裡全部是便宜又好用、台灣才有的、而且我覺得很有趣的商品。都是我想買、而且買得起的東西，因為就算賣不完，也可以留著自己用。」

她邊笑邊這麼說。店內陳列的商品都是經過青木精挑細選的，容易入手的價格，可融入日常生活的用品，不管是哪一款商品都能感覺到青木卓越的品味。

在日本三一一大地震之後，她很快地採取了行動。地震發生四個月之後，經歷海嘯襲擊的宮城縣氣仙沼市的災情依然嚴峻，在《ほぼ日刊イトイ新聞》（Hobo Nikkan Itoi Shinbun; Hobonichi）的企劃下，以氣仙沼市區的一間茶館作爲會場，她邀請了好朋友——台灣原住民創作型歌手舒米恩在茶館舉辦了小型演唱會，據說有對夫妻在地震後一次也沒有哭過，當舒米恩的歌聲在會場上繚繞時，夫妻才抱在一起、放聲痛哭。這是站在日本與台灣之間、深知音樂具有療癒力量的青木才能給予的深度撫慰。

二〇一一年起，青木開始主持JFN日本全國FM放送協議會（Japan FM Network Co.,LTD.）的個人廣播節目《樂樂台灣》，恰巧日本社會在三一一大地震之後，對台灣的興趣迅速攀升，這個廣播節目正好提供了日本和台灣的音樂及生活文化的交流平台。不只是文字，每個禮拜透過電波傳送台灣的最新資訊給日本的聽眾。

依靠自己的感性和感覺，在許多巧妙緣分的牽引下，就像轉動的石頭不斷的轉換跑道、蛻變、展開在台灣的人生。回首來時路，青木一言以敝之：「苗頭不對、快速撤退！」忽然，筆者想起自己一貫的論點：台灣文化三大特色「接納」、「多元」、「靈活」。

青木正好活出這三大要素，不是嗎？換句話說，台灣人的生存之道她一分不減的套用活出自己的隨興人生。她接納台灣這片土地，也被台灣接納，只要符合了自己的感性，便無懼於不斷轉變、多元發展的身分。噢不~反而應該說她是樂在其中、享受不停蛻變的過程，而這就是青木由香的核心精神吧？

■ 熊谷俊之 KUMAGAI Toshiyuki

# 融入台灣風景——

## 【攝影師】熊谷俊之

若談到旅居台灣的日本攝影師，應該不少人腦中會浮現熊谷俊之這個名字，他曾擔任李登輝、陳水扁、馬英九、蔡英文——台灣的歷任總統和許多藝人明星的攝影工作而爲人熟知，但他的攝影本色在於，信手拈來皆是台灣隨處可見的日常風景。同時，他也是一位擁有多面向的攝影師，崇尚行動、體驗主義，曾騎單車「環島」一周，泳渡日月潭，登百岳，參與台灣的傳統民俗儀式。二〇一七年二月，台灣交通部觀光局頒發了「台灣觀光貢獻獎」，以表揚其貢獻。

旅居台灣滿三十年的熊谷俊之，和台灣其實有著深厚的因緣。憑藉著從小對攝影的熱愛，加上對台灣土地的好奇心與關愛，堅強的毅力，讓他不畏上山下海，跑遍台灣每片土地，並深入民間，紀錄絕美的自然風景與當地的人文風土及祭典活動。已在日本各地舉辦過數次個人攝影展，以照片訴說台灣動人的日常與非日常。

## 為原住民拍攝生活紀錄是他成為攝影師的轉捩點

熊谷俊之初次接觸相機是在國中三年級的春天，當時他參加柔道社，卻和擔任劍道社顧問的老師逐漸熟識，在老師的推薦下買了Nikon的F301相機，成為他最初的攝影夥伴。熊谷沒有直接升上高中，而是在外補習，十五歲時就通過了大學的入學資格檢定考試，當時的報章雜誌和媒體爭相報導，一時成為家鄉群馬縣的風雲人物。他記得補習班老師曾說過：「今後是社會學和人類學的時代」；雖然英文不拿手，但從小對漢字很感興趣；以上種種因緣，讓熊谷在一九九一年前往台灣師範大學，學習華語，隔年又進入台灣大學，專攻人類學。但是，熊谷為何選擇台灣呢？

其實熊谷母親的家人，戰前住在台北的六張犁，祖母曾在台北建成小學校任教，之後在住家那棟建築物一樓的育幼院上班，生活起居都和照顧的孩童一起。其中有一個孩子，就是目前台北中山北路上的「林田桶店」老闆林相林。林相林的父母認為他將來要繼承自家的日式桶店，所以希望自己孩子能體驗日本家庭的生活，於是林相林就寄宿在育幼院，自然而然地就和熊谷的母親從小熟識；而經過四十多年後，熊谷來到台灣時的保證人，就是林相林。熊谷回憶起當時笑著說，在師大的華語學習雖然漸入佳境，但在台大的課堂上，卻是倍感艱辛。

「人類學系使用的課本幾乎都是英文，直到自己來台灣為止，完全沒想到自己會因為英文而吃這麼多苦。忙到沒時間接觸自己最喜歡的攝影，但名義上還是加入了攝影社。」

大學三年級時到花蓮太魯閣田野調查，待在太魯閣族（當時分類為泰雅族的分支）的部落兩週，熊谷以相機記錄他們的生活。在太魯閣族部落裡，聽到耆老說著典雅的日語，讓他開始注意到台灣的歷史。

「老爺爺、老奶奶使用的日語停留在一九四五年，他們的說話方式讓我不由得立即挺起腰桿。此外，美空雲雀的卡帶聽到快斷掉了還是反覆播放；當我看到他們在週日下午，接收從沖繩傳來的電台廣播訊號，享受著ＮＨＫ電台節目「揚聲歌唱（日文原名為：

のど自慢）」的愉快模樣，讓我不禁大受衝擊。」

此時，熊谷已經下定決心要成爲一位專業攝影師。一九九六年從台灣大學畢業後，自隔年起，在東京「赤坂攝影棚」戮力研修兩年，累積經驗，邁向專業攝影師之路。一九九九年六月開始，成爲自由接案的攝影助理，同年底回到了久違三年的台灣。熊谷一開始就在心中暗自決定，要在台灣迎接他的二十一世紀。

## 拍攝了台灣歷任總統，知名度急速上升

回到台灣後，承接來自廣告代理商和出版社的攝影案件，拍攝台灣知名藝人和日系企業社長的照片，登上許多雜誌封面和專欄。某次接受日本雜誌的委託，獲得拍攝前總統李登輝的機會。此後便開啟了機運的大門，很幸運地持續得以拍攝陳水扁、馬英九以及現任總統蔡英文等歷任總統。作爲一名專業攝影師，熊谷在台灣的名氣水漲船高。

但熊谷的攝影並未局限於人物肖像。二〇〇七年初次登上台灣最高峰玉山之後，熊谷著迷於台灣的自然生態，位於低緯度的台灣，海拔三千五百公尺的地方居然森林廣闊，讓他覺得很新奇。其後又十八次登上玉山，也三度登上台灣的第二高峰雪山，至今已攻下台

灣百岳中的三十六座高山。此外，爲了追尋台灣美景，他更將腳步跨到深山裡的原住民部落和離島。熊谷列舉出台灣的三大絕景：南投水漾森林、屏東好茶舊社、馬祖大坵島。

「水漾森林是在一九九九年九二一大地震的時候，石鼓盤溪的水流受阻後形成的堰塞湖，原有的杉木林殘留於湖裡。雖然大家都說日月潭一日可見四季，但水漾森林一小時就四季兼具，如此風情萬變，令人目不暇給，極具魅力。瞬息萬變的美景，我連一秒都捨不得錯過。」

他最後的那句話充分表露出當時的心情。但水漾森林的杉林在九二一大地震後已經二十多年，傳聞浸泡在水中的樹幹與根部不知能夠持續到何時，或許就因爲是消失中的絕景，才讓攝影師更加著迷。

屏東好茶舊社則是個秘境，魯凱族在那裡建造「石板屋」過著一如往昔的傳統生活，他們視爲聖山的北大武山是百岳位居最南者。而比馬祖更遠一點的大坵島，只在夏季極短的某一段時期，夜光藻會讓海水發出淡藍色螢光的奇景「藍眼淚」，大坵島因而著名。熊谷所有列舉的地方不是陸上孤島、就是眞正的孤島，皆非輕易可到達之處。但只要是感興趣的地方，他必定親自前往，這就是熊谷的風格。（但熊谷也提到，由於大坵島對面有北竿島的街道燈光和途經附近海域的船舶所發出之光線，因此大坵島並非最適合拍攝藍眼淚的地點。）

## 座右銘是先體驗活動、再深入拍攝

除了人物照和風景照，熊谷的攝影還有另一個特點，那就是客觀拍攝民俗祭典的同時，自己也加入拍攝對象的行列，參與其中的活動。近年來「單車環島」蔚爲風潮，有時可見到熊谷騎自行車奔馳的身影；「泳渡日月潭」的活動有時可見到熊谷在日月潭裡游泳；正月十五台東市舉辦的奇特民俗慶典「炮炸寒單爺」也曾經見到熊谷站在神轎上，扮成寒單爺的英姿。

「世界上光用文字無法了解的事情有很多，親身體驗才能看到的世界也有。其實我只是想要更了解台灣而已，例如「炸寒單」的時候，我站在神轎上感受到的搖晃、丟過來的鞭炮炸在身上的灼傷熱痛、吸入鞭炮煙之後的呼吸困難，因爲這些讓我意識變得薄弱，陷入一種恍惚狀態，感覺自己眞的與神明靠近了。」

透過先加入被攝影對象的行列，親自體驗之後，再透過相機的觀景窗捕捉被攝影對象的熊谷風格，著實難以模仿。這必須要有對台灣這片土地無止境的好奇與熱愛，再加上還要有足夠的體力和行動力，才能辦得到。

## 台灣「家人」是工作的原動力

熊谷有著交情甚篤的台灣家人，那是他大學三年級進行田野調查去太魯閣時，照顧過他的太魯閣族原住民家庭。三十年歲月匆匆而過，一開始以日語和他交談的爺爺奶奶都已過世，當時還是小學生的女兒，現在已爲人母。她們一家人的婚喪喜慶，熊谷必定出席；而她們來到台北也一定住在熊谷家，彼此是如此親近的關係。二〇一八年二月發生花蓮地震，這家人居住在花蓮市區的公寓已半毀，所幸無人受傷，熊谷行李也沒收拾就立刻趕赴花蓮探望。擁有同享喜怒哀樂的家人，也是熊谷的優勢吧？

大約從二〇一二年開始，熊谷心中萌發了一個想法，希望以照片向日本民眾傳達台灣的魅力。那一年從大阪開始，之後到高松、東京、金澤，總共舉辦了四次個人攝影展。這些個展備受好評，二〇一七年榮獲交通部觀光局頒發「台灣觀光貢獻獎」。熊谷的母親也順道「回故鄉」來台灣出席授獎儀式。作爲攝影師，熊谷已經獲得一面「勳章」，今後他會想拍什麼、傳達什麼呢？

「雖然百岳還沒爬完，但是一般的山或古道我也想爬爬看。另外，台灣人怎樣面對像大甲媽祖遶境那樣深入生活文化的民俗儀式？我想拍到這種眞實自然的樣子。也希望握著相機時，我這個攝影師的存在感可以消失耶。」

熊谷說想「消去自己的存在感」，但他早已融入這個島嶼，成爲台灣風景的一部份了。詢問有沒有尊敬的攝影師，熊谷說出知名人像攝影師的名字「渡邊達生」。雖然不是直接向他學習攝影，但經常想著要拍出像他那樣「拍的人、被拍的人、還有看照片的人都覺得開心」的照片。另一位尊敬的人是二〇一七年在直升機事故罹難的空中攝影達人，電影《看見台灣》的導演齊柏林。果然是深愛這片土地的熊谷，才會說出的回答。

攝影／熊谷俊之

# 每天都是新的出發——

## 【藝人】夢多（大谷主水）

藝名：夢多。一九八〇年七月十八日生。前日本跆拳道國手，因傷退役後二〇〇六年開始在台灣演藝圈發展，參與過許多電影、電視廣告、連續劇等演出並主持節目。二〇一六年擔任台灣電影《人生按個讚》的動作指導，以及三菱重工空調的形象代言人。目前是台灣和日本都有播出的《夢多玩東九州》、《台灣宮崎夢多行》、《地球的慶典》節目主持人。二〇二〇年以《地球的慶典》雙料入圍第五十五屆電視金鐘獎「生活風格節目主持人」及「生活風格節目」，並在桃園市運動會市長盃健身健美錦標賽挺進前八強。

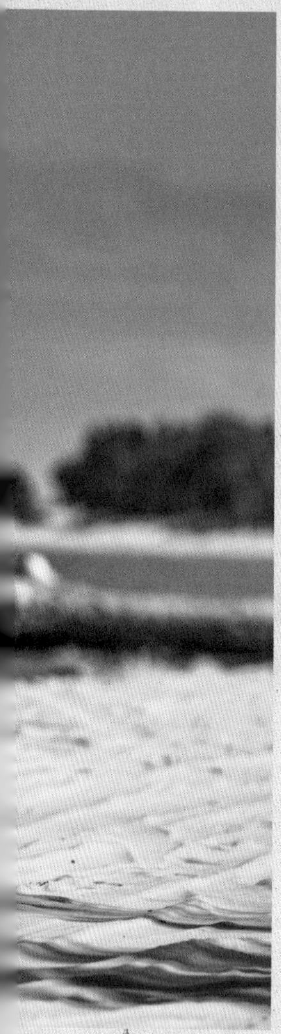

圖片提供／大谷主水

■大谷主水 OOTANI Mondo

曾經，有一位來自宮崎縣的選手，他在國內賽事成績出色，連戰皆捷，高二那年即入選日本跆拳道國家代表隊，不僅數度參與國際賽事，也肩負萬眾期待，被視爲未來的奧運國手。如今，二十年光陰逝去，台灣演藝圈成爲他一展身手的舞台，不但出任收視長紅的旅遊節目主持人，擠身綜藝節目固定班底，還跨足模特兒、演員、武術指導等領域，活躍範圍廣泛無設限。

曾是日本頂級運動員的大谷主水，是如何改頭換面以日籍的台灣藝人「夢多（Mondo）」身分重新出發？而他的下一步又志在何方呢？

## 迷上跆拳道，獲選日本國家代表隊，參加國際比賽

小時候大谷主水雖然調皮搗蛋，不過是個充滿正義感，又很會打架的孩子。假若有外校學生跑來欺侮他的同校同學，他就會自告奮勇去替對方討公道。這樣的少年大谷，某次偶然看見了電視上的異種格鬥技比賽，就此與跆拳道結下緣分。

「擂台上的一位跆拳道選手，雖然後來敗陣下場，但他格鬥的動作好美，讓我著迷。再加上我本來就很仰慕李小龍跟成龍，於是開始去老家附近的跆拳道館上課。」

上課的第一天，他就被高段班的人突然找來對打，然後輸得一塌糊塗。大谷完全不是對手，心中滿是不甘，這才明白原來自己只是井底之蛙。不過也因爲這件事，喚醒他天生不服輸的韌性，使他抱著變強的渴望，全心全意投入練習。接下來，他突飛猛進，嶄露頭角，國中三年級時拿下全日本青少年組跆拳道冠軍，高中時更勢如破竹榮獲全國冠軍，年僅十七歲便如願獲選爲日本國家隊代表。

一九九八年在越南舉行的亞洲跆拳道錦標賽，是大谷的第一場國際賽事，他在首輪比賽即對上世界排名第三的菲律賓選手。大谷忍著左腳的傷勢頑強應戰，最後仍不敵落敗，他在鏡頭前嚎啕大哭，並在這一刻領悟到肩負日本國旗的重責大任。後來，他透過推薦入學的管道，進入跆拳道名校大東文化大學就讀，四度蟬聯冠軍稱霸全日本大學選手。大谷在日本國內儼然已無敵手，只不過，國際賽事的高牆依然橫亙在他眼前。二〇〇一年越南世界盃跆拳道賽事中，他在首輪初賽便首當其衝遇上三連霸世界跆拳道錦標賽的韓國選手。結果，大谷發動的隨機攻勢被對方抓準機會還以踢擊，導致他受傷出血，再次於首戰敗陣退場。

「我那時很氣自己，因爲我在國內毫無對手，心裡生出了傲慢。我好想贏那個韓國選手，好想拿奧運金牌。就這樣我心裡的熱情再次熊熊燃起。」

這時候，大谷在飛往拉斯維加斯參加美國跆拳道公開賽的途中，湊巧在飛機上與台灣代表隊的座位相鄰。台灣是擁有自我風格的跆拳道大國，不過當時搭同班飛機的台灣選手卻顯出一片和睦，毫無一絲即將參與國際賽事的緊繃感。台灣選手平時開朗樂觀，比賽時卻強得不得了，這點引起大谷的好奇心。當他從美國返日後，便透過日台雙方奧委會聯繫，敲定要前往台中的台灣體育學院留學，觀摩跆拳道，就此牽起大谷與台灣的緣分。此時，正是二〇〇四年雅典奧運前一年。

## 放棄運動選手之路，重新轉換跑道

大谷待在台灣體育學院的那一年，他每天從早練習到晚，就連週末假日也不休息。回首從前，大谷覺得那是段既嚴苛又快樂的日子。然而，大谷卻在雅典奧運前夕負傷，飲恨落選日本國家代表。他想著不如換個環境從頭來過，遂在親友建議下決定前往跆拳道起源地韓國，重新整頓旗鼓，爲北京奧運做準備。大谷插班進入韓國啟明大學三年級就讀，那裡與他的母校大東文化大學有交流。在啟明大學練跆拳道的日子，比在台中體院還要更嚴苛，他每天不斷重複鞏固基礎練習，每天練得幾乎忘神。連霸日本大專盃的大谷，終於在二〇〇五年澳門東亞運五十八公斤級賽事中重拾日本國家代表資格，然而就在此時，他的心境卻出現轉變。

「比賽如火如荼進行時，我心裡突然出現一道疑問，想著我是否還能變得更強，就這樣分了心。二〇〇六年時，我在世界大學錦標賽中韌帶斷裂，放棄北京奧運之夢，但其實內心在更早前就已喪失信心了。」

贊助商一口氣全沒了，收入也就此中斷，可是，他心裡並沒有回日本發展的選項。從年少時起便不斷征戰各項國際賽事，見識過各方異地的大谷，覺得國外才是自己的活躍之處。同時，他心裡也覺得自己半途放棄奧運金牌夢，沒辦法就這樣回國。於是，大谷選擇前往過去曾留學過一年的地方——台中。因爲他覺得台灣「和自己的靈魂頻率很合拍」。後來，他在台中的百貨公司被某間演藝經紀公司相中，決定了大谷的下一個目標：「在台灣當明星」。就這樣，二〇〇七年，大谷主水在台灣化身爲藝人「夢多（Mondo）」。

## 活用原本運動員的身手，抓緊機會，參與各種演出

夢多在台灣的演藝事業起步並不順利，有過無數跆拳道國際賽事經驗的他，雖然很習

慣鏡頭，卻是頭一次從事演戲，無法按照演技指導的指示做出反應，連著十九次試鏡悉數陪榜，過著接不到工作的日子。不過，他在第二十次挑戰中成功拿到某點心公司的廣告拍攝工作，開始斷斷續續有些案子找上門，但也僅止於勉強餬口的程度。這樣的狀況持續了幾年，他在二〇一一年時邁入下一次轉機。

「當時，我認識了香港動作巨星洪金寶的兒子，洪天祥。我加盟他的經紀公司，同時前往道館『傳龍會館』習武。『F4』的團員吳建豪跟藤岡靛也常來這間道館。我在洪天祥旗下接了些幕後工作，像是替身演員或武打戲等等，這些經驗後來幫助我以動作指導的身分，參與二〇一六年的台灣賀歲片《人生按個讚》拍攝工作。」

可是，想站在幕前一試身手的念頭在夢多心中愈來愈強烈。就在此刻，東森電視台的熱門綜藝節目「二分之一強」邀請他加入，成為固定班底。約莫同一時期，也開始參與各項台灣電影或日台合作電影的演出，像是二〇一三年的《變身》，還有二〇一四年的《大稻埕》，以及二〇一七年的《雖然媽媽說我不可以嫁去日本》等等，《大稻埕》在日本也有公開上映。二〇一六年時，三菱重工聘請夢多為空調產品的代言人，台北車站旁的大樓牆上貼滿一整面夢多的全身海報，名符其實地成為台灣能見度最高的日籍藝人。

這一段時期裡，夢多同時也從二〇一四起連著三年，參與製作故鄉 MRT 宮崎放送公司的美食節目「台灣宮崎夢多行」，於節目中擔任主持工作，向台灣介紹宮崎縣的迷人之處。這份經歷受到賞識，使大谷在二〇一七年獲得「宮崎觀光大使」的殊榮，向國外推廣宮崎縣的觀光、產業與歷史文化等各項魅力。不僅如此，二〇一七年，他更成為TVBS電視台熱門長壽節目「食尚玩家」中，第一位被起用的外籍現場主持人。這齣節目不只在台灣播放，收視群還遍及東南亞各國以及澳洲等地，是夢多嚮往多時的節目。

## 終於站上屬於自己的舞台，發光發熱

跆拳道練出來的肉體之美與運動能力，綜藝節目鍛鍊出的臨場反應，以及一口流利詼諧的中文，再加上帥氣又具喜感，深受觀眾喜歡的性格，同時，幕後工作的經驗讓他懂得體諒工作人員，美食節目又帶給他豐富的飲食知識等等，種種經歷及能力打造出今天的夢多。除此之外，最近他還出版一本口述自傳《叫我真男人》，身兼模特兒、演員、主持人多職的全方位藝人夢多，如今正邁入巔峰。當我問他對自己的定位時，夢多給了我下述明確的定義。

「雖然我是日本人，但是我是台灣藝人。」

夢多暢談他的抱負，說希望未來能把觸角拓展到中國、香港等中華圈，並放眼包含日本在內的整片亞洲。當我把話頭轉到「紅回日本」的可能性時，他則立刻這樣回答我。

「我非常討厭『紅回日本』這句話，我覺得這話裡有一股上對下的意思，彷彿在說自己才是宗家似的。我打從一開始，就是抱持著連骨灰都要留在他鄉的覺悟出國，不論我身在何方，從事什麼活動，我仍舊是我。明天要比今天更好，明年要比今年更上一層樓，對我來說『每天都是新的出發』，就是這樣而已。」

夢多的父親在六年前過世，他曾是短距離田徑選手，同時也是宮崎縣四百公尺賽事的紀錄保持人，當時還擔任一九六四年東京奧運傳遞聖火的跑者。夢多自己也曾在一九九八年長野冬季奧運中擔任聖火跑者，這份運動家精神從父親身上傳給了兒子，以不一樣的姿態在台灣這塊土地開花。夢多清楚聲明，眼前的目標是「在三年內拿下『金鐘獎』的最佳綜藝節目主持人獎」。二〇二〇年夢多以愛爾達電視台「地球的慶典」雙料入圍第五十五屆電視金鐘獎「生活風格節目主持人」及「生活風格節目」，雖然沒有得獎，但是雙料入圍也已經是台灣電視圈給他的肯定。

今天，夢多想必也站在一個新的起跑點上，相信在不遠的將來，他定能摘下這面台灣演藝圈的金牌。夢多在天國的父親，一定比任何人都期待這天的到來。

圖片提供／大谷主水

「打從一開始，就是抱持著連骨灰都要留在他鄉的覺悟出國。」

圖片提供／大谷主水

# 庶民美食的傳教士——

## 【廚師】MASA（山下勝）

小時候常在家中繪畫、把玩黏土，非常喜愛親自「動手」創造事物。國中時熱中漫畫《妙廚師》（譯註：日語原名爲「包丁人味平」），望著身爲廚師的兄長背影，決定自己升上高中後也要成爲廚師。在神奈川縣的餐廳累積經驗後，二十歲就遠渡加拿大，十年之間，在不同價值觀共存的多元文化社會下，成長茁壯。這段經驗讓山下更加成熟，也是他後來在台灣成爲家喻戶曉的MASA主廚之重要基礎。目前已出版十三本食譜，擔任日本餐廳的行政主廚和廚藝教室的講師，藉由營運網路媒體「MASAの料理ABC」，在台灣創造出「MASA」這個品牌，山下勝「日本型男主廚」的名氣，可說是無人能敵。

■ 山下勝 YAMASHITA Masaru

高中時期，幾乎所有同學都無法決定未來的志向，總之先以升學爲目標，而山下卻不曾迷惘，很早就決定自己這一生要成爲廚師。除了在餐廳廚房當助手，爲了能閱讀原文的法國料理食譜，自學法國餐飲相關的專業用語和簡單的法語。高中畢業後，他並未進入可以取得餐飲證照的專門學校，而是選擇進到小型餐廳的廚房裡，實際親炙主廚的廚藝，希望能在耳濡目染之下「偷師」，習得實用的技術。在日本持續精進廚藝三、四年後，突然對外國產生興趣。

「雖然學習的是法國料理，但考慮到未來的餐飲事業，直覺上，首先想到的是英語能力。正好那時日本也剛開放打工度假的制度，於是將目標鎖定英語圈的加拿大，前往西岸氣候宜人的溫哥華。」

在溫哥華時，每天過著白天在語言學校和商學院上課，晚上在餐廳廚房工作的生活。大約過了兩年，認眞工作的態度受到賞識，朋友請他擔任餐廳的店長，負責日常營運的工作。而山下原本就律己甚嚴，對餐廳員工也很嚴厲，此時他年輕氣盛，心懷身爲日本廚師的傲氣，即使身在異國，仍然貫徹實行日本式的管理方式。他回想起當時，雖然讓餐廳的經營上了軌道，但他的待人處事方式卻造成許多人際關係上的摩擦，有時甚至導致自己與其他員工的激烈對立。當時身處異國文化之中，山下仍在摸索自己的生存之道。

## 因緣際會，決定在台灣扎根，經營自身品牌

搬到加拿大過了十年左右，出現了人生的一大轉機。某天，朋友問他是否願意到台灣擔任日本餐廳的行政主廚，此意料之外的邀請，讓山下可以重新挑戰自我，於是立刻下定決心把握這個機會。當初接下工作時，過著時常往來溫哥華和台北的生活，之後終於決定在台北落地生根，那時正是二〇〇八年。而搬到台北居住之後，注意到自己心中起了很大的變化。

「想要回到立志獻身於烹飪工作的原點。自己擁有的知識和經驗，不單只是高高在上拿來要求他人，而是和員工站在同一陣線，希望大家都能樂在其中。或許是身處較爲包容他人的台灣這塊土地，導引自己產生如此的轉變。」

山下只有晚上必須到日本餐廳工作，白天自然地成爲他研究食譜、拍攝和整理食物照片與撰寫部落格的時間。他以在加拿大時的綽號——也是自己名字簡稱的「MASA」作爲個人品牌的名稱，成立了部落格「MASAの料理ABC」。部落格剛開始以文字紀錄爲主，隨著時代的轉變，逐漸轉換成照片和影片內容。同時，展現自己廚藝的舞台，也從部落格多方發展到臉書、YouTube等等不同平台，在電視節目和廣告上亮相的機會也大

爲增加。

走在時代尖端設立的網路媒體「MASAの料理ABC」，目前臉書的追蹤者有一百一十五萬人，幾乎每週發表食譜的YouTube，觀看次數也超越兩百二十萬（二〇二一年十一月二十二日爲止），山下身爲「日本型男主廚MASA」，可說是台灣知名度最高的日本人之一。

## 將自身經驗濃縮成書，傳達做菜的樂趣與感動

另一方面，山下到目前爲止已經出版了十三本食譜，速度之快，大約是一年出版一本以上。台灣書店的食譜區裡，書背上印有MASA名字的食譜書，可以滿滿排成一整列。網路媒體和書籍，成爲向大眾展現MASA廚藝的兩大主要方式。但是如此積極地出版書籍，背後有什麼理由呢？

「優秀的食譜書，不管經過五十年、一百年都不會退流行。網路媒體的優點在於瞬間的傳播速度，但是也很容易淹沒在眾多資訊的洪流之中。我希望自己從事的工作，能夠流傳到後世。我認爲不應盲從流行，而是自己創造潮流，引領大家一同共襄盛舉。」

台灣的流行變換非常快速，山下覺得看待事物的長遠眼光反而重要。他說，相信自己的直覺跨出下一步，幾年之後回顧過往，能夠理解當時自己決定的意義何在，這才是自己理想的工作方式。

但是，山下在廚房揮舞菜刀的機會，卻比以前少了許多。他進行工作的地方，幾乎都是在自己的工作室，無論是研究食譜與菜色開發，抑或「MASAの料理ABC」的影片拍攝，全都在自己的工作室進行。此外，不僅構思食譜和購買食材，從照片的拍攝、編輯，到影片的上傳等等，也都是山下一手包辦。那麼作為「MASA」主廚，山下有什麼話想對自己的支持者說呢？

「對於認為下廚非常辛苦、麻煩的人，我想透過自己的廚藝示範，若是能讓他們實際動手試試看，發現做菜其實可以很愉快的話，我會感到非常開心。處理食材和烹煮是一種展現自我的創作方式，對於紓解壓力也很有幫助喔。」

山下烹煮菜餚時，對食材盡可能地不設定太多過於專業而難以達成的堅持，基本上都是以台灣民眾簡單就能買到的食材為主，這是因為首先要降低下廚的門檻。而他介紹的也都是日本家庭每天餐桌上的常見菜色，主要是「和洋融合」的家常菜，這些菜色的特徵在於，盡量考慮到台灣人的口味與喜好，許多小地方都能感受到他的巧思與設計，讓台灣人覺得若是家常菜的話，自己下廚應該也做得到，能夠實際動手去做。

在餐廳用餐的人，人數再多，終究有限。爲了讓更多人能領略料理的樂趣，身爲廚師所積蓄的知識和經驗，將其精髓都凝聚在食譜之中，不就能與更多人分享烹飪美食的感動嗎？如此想法造就了山下成爲現在這個與衆不同的廚師。山下明言，實際站在廚房，自己動手做菜的每個人才是主角。廚師「MASA」，正是一位向市井小民傳遞烹飪的喜悅、感動與幸福的「美食傳教士」。

## 烹飪無國界，因地制宜的創意樂見其成

從另一方面來看，台灣由於歷史的緣故，對於日本料理的接受度很高，坊間的日本料理店多不勝數。但其中大多數只能稱爲「台式日本料理」，調味和擺盤有時和日本原來的作法大不相同。對於這一點，山下如此回答：

「烹飪這件事原本就無所謂國界之分，我自己原本是一個專攻法國菜的日本廚師，自己烹煮的法國菜當然會放入日本的元素。雖然傳統很重要，但是在不同的土地上，培育出不同的作法也很好。」

「實際站在廚房，自己動手做菜的每個人才是主角。」

例如日本的「洋食」（日式西餐）便是一種典型，以法國和義大利的菜色爲基底，不斷地改良傳承，已經成爲日本飲食文化之中，非常出色的類別。因此，車輪餅裡面塞滿蘿蔔絲，或是在章魚燒上面塗哇沙比等等的台式作法也都非常可行；飲食文化常常相互影響、融合、順著自然的天候環境，因地制宜而逐漸在地化。

## 以「只做不說」的方式持續向華語圈傳遞自己的料理

山下律己甚嚴，他向我們透露，從未對自己的成就感到滿足，每天都不停地面臨挫折，甚至若覺得停滯不前，就會感到不安。但是他也說，因爲覺得自己還可以更好，所以讓自己得以持續精進。那麼，山下今後將朝向何方持續前進呢？

「介紹自己廚藝的方式，從文字一路轉變到照片，再從照片換成影片。而對於語言的使用，在加拿大學習英文後，在台灣則是自學中文。未來的藍圖是，以中英雙語經營網路媒體，將自己的烹飪廚藝，往外推至新加坡和馬來西亞，甚至拓展到世界各地的廣大華人社會。」

最後筆者詢問山下有沒有敬佩的廚師和座右銘，以及山下自己最喜歡的菜餚，他立刻回答：「最尊敬的廚師就是我的大哥。」山下的大哥是他身邊最親近的廚師，也是讓他走上烹飪之路的關鍵人物。山下的大哥目前在奈良縣經營可樂餅店鋪，每天都在廚房現場工作。座右銘是「只做不說」。不多發表意見，行動第一，當持續的實踐逐漸成形時，再賦予其意義，讓他人能夠理解即可。這一句話道盡了山下的主廚生涯。而最喜歡的菜餚則是「照燒雞」，這個回答反映出，他是一位徹徹底底站在庶民角度，看待烹飪廚藝的專業主廚。

攝影／片倉佳史

■片倉真理 KATAKURA Mari

# 分享認識台灣的喜悅——

【作家、採訪統籌】片倉眞理

旅居台灣的日籍作家、媒體採訪統籌。在擔任媒體採訪的統籌工作之餘，也持續寫作。二〇一八年四月，作爲十九年台灣生活之集大成，在日本出版首部個人著作《台湾探見 Discover Taiwan ―ちょっぴりディープに台湾（フォルモサ）体験》（Wedge 出版社）。受到想更深入了解台灣的廣大讀者所支持。

片倉眞理的作品之中，滿溢著想和讀者分享她認識台灣所感受到的喜悅。隨著台灣史研究者兼作家的丈夫——片倉佳史到台灣各地採訪，體驗傳統的節慶活動，走訪日治時期的史蹟和原住民部落，自身也肩負起傳達台灣魅力的任務。

## 想盡量紀錄並傳遞日治時期台灣人的語言

片倉眞理第一次踏上台灣的土地是一九九四年，台灣那時剛開始實施民主化不久。在那之後，她雖然曾到台灣旅行過幾次，但正式移居則是一九九九年結婚後隨丈夫來台。先生是大學合氣道社團的學長片倉佳史，台灣史研究者，一九九七年已經定居台灣。

片倉眞理回顧那時，她對台灣的知識接近於零。當時的日本，介紹台灣的書籍有限，電視節目等也很少會關注台灣。但是，跟隨丈夫佳史一起採訪，參加台灣各地的傳統節慶活動，走訪日治時期的史蹟和原住民部落，傾聽當地耆老訴說的故事，不知不覺地深受台灣吸引。越是深入認識台灣，這個島嶼帶給她的新奇就越多。

「我記得第一次拜訪台東縣太麻里鄉的原住民部落時，住在那裡的老爺爺說我們是他相隔半世紀後才遇到的日本人，開始用非常流利的日語交談。他想講日語、他好希望外界知道他們走過的歷史，這樣的心情溢於言表。更讓我驚訝的是，那位老爺爺的孩子們完全不知道自己父親能如此流暢的使用日語，我對這兩個世代之間的差距感到疑惑，這也是我想要進一步認識台灣的起點。」

二戰之後台灣經歷了日本戰敗、國民政府接收台灣、發生二二八事件和之後的白色恐怖時期、頒布戒嚴令，在學校不但禁止說日語、就連使用母語都是禁忌。明明離日本這麼近，而且也是很常去的地方，自己卻對台灣的過往一無所知。課本上不曾教過的歷史，片倉是透過在台灣各地遇見日語世代的長者而得知。當時正逢陳水扁總統主政時期，那段長久以來被封印的過去，終於來到人人皆可談論的時代了。

「有位曾是政治犯在綠島服刑過的老先生，用淡然的口吻講起往事。身爲當事人，他在無比深沉的悲傷中壓抑情緒，靜靜地接受自己的命運，他的樣子令我感到敬佩。像這樣前人的智慧和經驗，如果只有自己知道，實在太可惜！我們強烈的覺得，必須和更多人分享這些故事。」

盡可能多跟日語世代的長輩交流，紀錄那些訪談，傳達給更多人知道，她感到也許這是自己的使命。能夠直接訪問那些已屆高齡的日語世代的時間，其實已經不多了。二〇一七年，她先生成立了「台灣研究俱樂部」。舉辦交流活動，與對台灣有興趣的日本民眾分享自己在台灣所學習到的知識和經驗。她開始全面支持這些活動，想必也是基於那份使命吧。

## 從「愛日」世代到「知日」、「知台」世代

片倉也注意到日語世代的孫子輩之動向。日語世代傾向於用「愛日」一詞來主觀表達自己對經歷過的日治時期的情感，相對於此，現在的三十至四十多歲的孫子輩世代，則能夠更客觀地檢視那個時代。而且，片倉認爲這一代在身爲台灣人的自我認同摸索之中，把源頭回溯到祖父母生活的那個時代。

「在高雄創辦季刊《薰風》的姚銘偉，當兵的時候開始對台灣的歷史感興趣，他最後的結論：日治時期也是台灣史的一部分。最近在台灣各地可以看到日治時期建築的保存運動，並不是因爲喜歡日本才這麼做，而是想要保留刻劃在自己鄉土的歷史。這是非常健全的方向，此世代採取『知日』的態度，同時也是『知台』的體現，形成一體兩面的關係。」

二戰之前，當時的台北市建成國小（現爲台北當代藝術館及建成國中）有個稱爲「建

成會」的同學會組織，二〇一六年在台北舉辦聚會時，台灣有超過兩百位民眾參加。除了日語世代，還有很多三十幾歲、四十幾歲的知台世代也參與其中。到他們父母那一輩爲止，族群（ethnic group，分爲四類：原住民、閩南人、客家人、外省人）意識很強烈，族群間的對立也時有所聞，雖然現在這個框架依然存在，但有許多知台世代認爲，如果共有某個概念，人們有可能團結一致。

「那個概念就是『土生土長』，在這塊土地上出生成長的人，大家都是台灣人的概念。戰後至今過了七十幾年，本省人與外省人的通婚也相當普遍，七年前主導『太陽花學運』的『天然獨』世代已經崛起，牽引當代潮流及文化的也是這群知台世代和之後的年輕人。」

在台灣，「什麼是自己的文化？」對於這個疑問的摸索一直長期持續著。但是現在對於這個疑問，知台世代覺得，不只是台北一〇一或是故宮博物院，包括鋪在爺爺奶奶家牆上或地板的花磚，老公寓的窗櫺，甚或復古的花布等等，這塊土地上所有的一切就是台灣文化，成爲可以面對世界自信交流的時代。另外，把這些加以設計，巧妙地融入店名或商品中，也成爲現代的流行趨勢。

「這塊土地上所有的一切就是台灣文化，成爲可以面對世界自信交流的時代。」

## 細膩的採訪受到讀者歡迎

日本三一一大地震以後，日本人對台灣的興趣飛躍式增長，重複來台的遊客也暴增，到目前為止以台北市、台北近郊、高雄、台中等經典的觀光景點已無法滿足，把觸角伸到鄉下的旅客也在穩定增加。特別是近幾年，台南觀光蔚為風潮，出版了許多以台南為主的單行本、旅遊指南和雜誌。關於台灣鄉間城市的魅力，片倉如此說道：「我喜歡每一片土地飄散著不同的氣氛。例如，嘉義這個城市，一直以來只是從台北去高雄或台南會路過的一個地方，如果眞正去逛逛，會發現可以叫做『嘉義 style』的獨特文化。在嘉義說到『雞肉飯』是火雞肉，而不是雞肉。稱為『涼麵』的常溫乾拌麵，別的地方都加芝麻醬，但在嘉義還會再加美乃滋。豆漿裡面加豆花的甜點『豆漿豆花』也是從嘉義最先開始的。」

片倉感興趣的不只有都市，她溫柔的視線也投向旅遊指南裡面不曾刊登的小鎮或村落。雲林縣土庫鎮的媽祖廟，也一起供奉日治時期從群馬縣吉祥寺帶來的日本觀世音菩薩神像；彰化縣社頭鄉的車站前，有當地興盛產業的襪子博物館；以苗栗縣白沙屯為據點的媽祖遶境，是在媽祖神轎上裝 GPS 來追蹤等，有說不完的趣聞。在片倉進行採訪時，一旁可以看到丈夫佳史拿著相機拍照的身影。在新書《台湾探見》裡面刊載的照片，也是出自佳史之手。

「外子是我寫作上的前輩，也扮演著提供建言的角色。即使是同一件事，兩個人看的角度不同，反而是他提醒了我，拓寬了我的視野。他會配合文章主動拍攝合適的照片，這個幫助也讓我很安心。」

在採訪長輩的現場，若是同性別的訪問者，受訪者經常會更容易敞開心扉暢談，片倉夫妻檔一起採訪能夠發揮相得益彰的優勢，兩個人簡直就是「如魚得水」的好搭擋。片倉以前在日本上班擔任公司的業務，沒有特別下定很大的決心，就踏上台灣這塊土地，她分享了在台灣生活的訣竅。

「在台灣過日子就是隨順自然。不要太緊繃，好好珍惜遇到的每一個緣分，有時也得要把日本人重視的規劃或堅持先擺一邊。我想引用『小日子』雜誌發行人劉冠吟的話：『比起挑戰新事物失敗了，在台灣更稱讚勇於挑戰的精神』，我想這就是這片土地的氛圍。」

片倉反覆提及「台灣是蘊藏神秘力量的土地，讓人想要分享它的魅力」。很容易接納外國人跟旅客，而且富有包容心。若有想知道的事情，發問都能得到明確的答案，我覺得很開心。片倉在強調這般的台灣魅力的同時，她的筆下對於每一個主題都很細心地挖掘，介紹商店的幕後有老闆蘊藏的心意，在那片土地生活的人們對故鄉的情懷，讀者透過她文字提供的線索，能夠描繪出那片土地的氛圍。還有，她在文章裡描寫的對台灣這片土地以及生活在此的民衆，有著一貫的深刻共鳴和愛。最後，我試問她的座右銘。

「是一句警察用語，也是我們夫妻的座右銘，『現場百回』。不管去到現場多少次，每回總能發現新事物。我新書的書名《台湾探見》的『見』，也蘊含了這個意思。」

貫徹現場主義的採訪和作家豐富的感性互爲表裡，片倉的作品以「分享認識台灣的喜悅及學習的樂趣」爲宗旨，今後也將繼續撩動許多想深入認識台灣的讀者們的心吧！引頸期盼她的新作問世。

# 橫跨異文化之間的電影才女——

## 【影像製片人】西本有里

三重縣四日市市出身。從國小二年級開始練習的空手道，取得黑帶的她身手十分矯健。因爲父親喜愛電影，從小就常被帶去電影院，她崇拜劉家輝、李連杰，爲米高・J・福克斯（Michael J. Fox）著迷，一心想要從事電影工作，所以選擇以大衆傳播爲強項的大學就讀。大學畢業後，進入東寶電影公司工作。因工作訪問台灣之際，楊德昌導演的團隊成員之一，也是日後執導電影《鬪茶》（二〇〇八年）的王也民導演對她一見鍾情，兩人結婚後便移居台灣。二〇一四年加入霹靂布袋戲集團，參與《Thunderbolt Fantasy 東離劍遊紀》的日台合作電視劇系列，作爲精通日中英三國語言且別具一格的影像統籌，活躍於第一線。

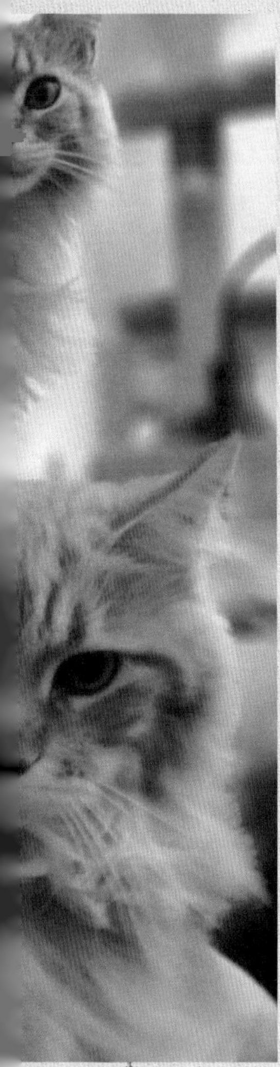

圖片提供／西本有里

■ 西本有里 NISHIMOTO Yuri

## 因電影結緣的異國婚姻，成為定居台灣的契機

大學畢業後，西本如願進入電影製作發行的東寶股份有限公司工作，一開始被分發到關西分公司，在大阪梅田車站旁的電影院上班。這裡聚集了喜愛電影的同好，也是擁有電影迷（cinéphile）會員的電影院，所以她從新人的時候便利用院線片上映的空檔，自己企劃香港電影的晚場映演活動。她也喜歡逛神戶的南京町，到處搜購學生時期熱愛的香港電影錄影帶，像是徐克導演的《黃飛鴻》系列等，包括香港電影節舉行期間，一年飛香港的次數多達四次。

對香港電影如此專情的西本，在偶然機緣下也和台灣有了交集。楊德昌導演的《一一》（二〇〇〇年）是部台日合作電影，當時參與製作的日本友人（在日本拍攝期間擔任副導演）邀請她到台灣的拍攝現場參觀，這是一九九九年的事。

「這趟三天兩夜的旅行也身兼英文翻譯，現場充滿了活力熱情，感覺很棒。而且，也受到楊導演的款待，拍片以外的時間就在市內觀光，那個時候還派了一位工作人員隨伺在側，也就是之後成爲夫婿的王也民。」

西本回到日本後，幾乎是每晚接到王打來的追求熱線。雖然兩個人聊電影聊得很熱

絡，她卻不爲所動。但是，一九九九年李安導演在中國拍攝《臥虎藏龍》時，陪著張震的王邈請西本到北京參觀拍片現場，以「電影拍攝現場」爲誘餌，成功地吸引她上鉤。西本在北京每次遇到麻煩，王都很爽快地解決問題，因此覺得王是個可靠的人。趁著拍攝的空檔，王邈約西本到萬里長城一起看獅子座流星雨，這一招成爲邁向交往的關鍵。一年後，作爲王的妻子，西本再度踏上台灣的土地。現在精通中文的她也兼職口譯，可是當時幾乎完全不懂中文。

「當時住在台北郊區，依照慣例週末回我先生的老家基隆。每次在先生親友的聚會，全中文的世界，讓我有很深的疏離感。聽不懂中文的苦，總用強顏歡笑來掩飾，直到有天終於再也受不了這樣的自己，發憤決心學好中文。」

## 在台灣企業中磨練中文能力，內心卻念念不忘電影

她在師範大學累積了一年半的中文基礎之後，二〇〇二年進入楊德昌導演的動畫製作公司工作。在台灣的第一份工作，就是楊導演和成龍總監製的長篇動畫《追風》（未完成）。這部動畫預計要和日本的公司合作，但在製作期間楊導演於二〇〇七年病逝，這

部片因此永遠沒有上映的那天，動畫公司也解散了。在一位香港導演的引介下，西本轉行進入二〇〇三年在台灣創刊不久的報紙《蘋果日報》工作。

「身邊都沒有日本人的環境，這個時期我的中文程度突飛猛進。廣告業務的團隊之間競爭非常激烈，所有團隊都在拼業績，大家都為了賺錢精神飽滿的賣力工作。我每天早上開會都錄音給我先生聽，跟他確認我理解的是不是正確，同時拼命去跟上團隊的腳步。」

之後，又換到日商的台灣分公司工作。雖然生活穩定，可是日子不知不覺就這麼過了。某天，突然察覺自己完全脫離了電影的世界，我真的很想再回到電影的拍攝現場，這種渴望越來越強烈。

就在那時候，以日本能登半島為故事背景的電影《寧靜咖啡館之歌》忽然找上西本擔任姜秀瓊導演的隨行口譯人員。她回歸電影世界的這部作品，在二〇一五年第十七屆台北電影節，榮獲國際新導演競賽的「觀眾票選獎」、領銜主演的日本影后永作博美也榮獲「最佳女主角獎」。讓西本更加深刻體認到自己還是喜歡電影的拍攝現場。

另一方面，西本決定參與《寧靜咖啡館之歌》拍攝工作的近乎同時期，她也收到前公司的客戶——霹靂國際多媒體股份有限公司的挖角。霹靂是以台灣的傳統偶戲的布袋戲爲基礎，設計出現代的、美型角色群登場的霹靂布袋戲系列，充滿影像魅力，受到廣大布袋戲迷熱烈支持的製作公司。

「從日商公司離職後，好不容易剛恢復自由，所以想保有自由的接案工作，最初的提議是一個禮拜上三天班，先簽三個月的短期契約，於是在霹靂國際多媒體股份有限公司的子公司——偶動漫娛樂事業股份有限公司開始工作。可是，期間也幫忙處理授權、企劃、海外版權販售的工作，三個月的契約延長爲一年。過了不久，老闆直接要我做正職員工。原先沒有這樣打算的我，猶如跳下老闆設的陷阱，成爲了這公司的正職員工。」

## 成為台日合作的偶戲電影製片人，發揮至今累積的才華

回溯到二〇一四年，以遊戲和動畫的編劇聞名的鬼才——虛淵玄受邀參加台北國際動漫節時，對霹靂布袋劇的展覽一見傾心。西本得知此事，於是和虛淵玄的所屬公司Nitroplus（遊戲與角色設計公司）取得聯繫，陪同時任偶動漫公司的總經理傅遜祥前往會面。一方面是爲了販售預計隔年上映的電影《奇人密碼－古羅布之謎》（二〇一五年）的版權，同時也向虛淵諮詢能否爲《奇人密碼》的外傳編寫劇本。不過虛淵回應他想寫通

俗易懂的主流故事，用自己的原創作品，擄獲日本粉絲的心。

之後歷經各種協商，二〇一四年啟動的「Thunderbolt Fantasy」電視劇系列是台日合作的新企劃。此合作激發出絢爛的火花。尤其是在戲偶角色的製作和拍攝現場，日本人注重細節的作風，對長久以來只參與自家公司作品的台灣工作人員來說，得到很多新奇的刺激。例如，霹靂過去使用的戲偶，手部的零件是統一規格大量生產，運用在全部的戲偶上。但是，日本方面為了表現出女性的纖纖玉手，對於手的大小很講究，並且提議要幫戲偶塗上顏色漸層堆疊的指甲彩繪。此外，戲偶臉上的淚珠大小，戰鬥場面受傷流血的位置等，都提出非常細膩的要求。而霹靂製作現場的工作人員相信虛淵，對於日方要求完全照單全收。

二〇一六年夏天完成的台日合作《Thunderbolt Fantasy 東離劍遊紀》，自當年七月起的三個月期間，在日本、台灣、中國、美國同步播出。許多充滿個性和富有魅力的角色，兼具大膽和纖細的動作及唯妙唯肖的表情，超乎對人偶劇的想像，武俠世界裡融入了奇幻元素的獨特世界觀，每一樣都令人感到新奇驚豔，在各地獲得青睞。動畫迷之間，不曾接觸過台灣布袋戲的觀眾層也為之著迷，在日本把 Thunderbolt Fantasy 略稱為「Thunder Fan」，獲得廣大迴響。這是展現「台灣傳統文化」與「日本技術內容」融合成果的一刻。

而且，隔年的二〇一七年十二月推出了外傳《Thunderbolt Fantasy 生死一劍》，在二〇一八年十月起，播映續集《Thunderbolt Fantasy 東離劍遊紀 2》。

西本擔任霹靂的製片人，每天負責和日本方面的製作公司工作人員進行交涉。她了解日本人的做事方法和感受，同時也必須徹底轉達台灣方面的考量。雖然是很困難的立場，西本說自己的任務不光是「語言」上的溝通，更重要的是做語言背後「文化」上的翻譯。

「重要的是自己的立場不能動搖。例如：台日雙方為何要這麼做？我的工作就是先細細咀嚼原因，理解消化之後再仔細向雙方說明，將細小的衝突導向和解，一點一滴建立起合作夥伴的信賴關係。就算這樣，彼此也有相互無法理解的時候，遇到這種情況，放棄反而比較好，承認彼此的不同，我認為是異文化交流最重要的關鍵。」

## 今後的目標

詢問西本今後的目標，她回答有三個。一是繼續製作奇幻武俠偶戲 Thunderbolt Fantasy 系列；二是製作自己目前企劃中的作品；最後是在製作方面上協助丈夫王也民執導的電影。而且，她還補充說道：

「台灣的電影人很重視原創劇本，即使花上大半的時間，也堅持拍出自己想要的作品，這樣的人不在少數。電影還是劇本很重要，所以我也想成爲懂劇本的製片。」

露出靦腆笑容的西本，不愧是電影界的才女啊。二〇二一年霹靂集團首次跨出布袋戲投資眞人演出的電影《動物感傷の清晨》（導演王育麟）是西本閱讀衆多劇本之後向公司提案的企劃，爲自己邁向全新的領域。

「承認彼此的不同，我認爲是異文化交流最重要的關鍵。」

■ 大竹研 ŌTAKE Ken

# 活躍於異鄉音樂界的吉他修行者──

## 【吉他手】大竹研

千葉縣四街道市出身，高中時開始自學吉他，就讀學習院大學期間決意成為專業吉他手，拜布川俊樹、津村秀明為師。二〇〇三年協助沖繩音樂界的平安隆演出時，在台灣「流浪音樂祭」結識了客家詞曲創作歌手林生祥，之後與林生祥數度攜手合作演出，二〇一〇年與貝斯手早川徹一起正式加入生祥樂隊。除此之外，也多次與萬芳、張惠妹等一線歌手同台演出，目前已是台灣音樂界首屈一指的吉他手，大竹個人的吉他演奏專輯《Ken》其中的演奏曲《Okinawa》榮獲二〇二〇年第三十一屆金曲獎「演奏類最佳作曲人」。

## 拜師學藝，接觸並吸收各類音樂

一直到國中為止大竹研都是個愛打棒球的少年，即便國小的時候學過鋼琴，他對音樂的世界仍算不上熱衷。直到國中二年級那年聽了日本創作型歌手長渕剛的歌曲，才開始投向音樂的懷抱，後來又受到日本搖滾樂團 Boøwy 布袋寅泰的演奏所震撼，吉他徹底擄獲了大竹研的心。

「我把升高中時收到的入學賀禮，也就是 YAMAHA 的民謠吉他拿去跟同年級的同學交換，換來 FERNANDES 的電吉他，就這樣迷上了槍與玫瑰、范海倫等重搖滾。」

不過，大學加入輕音樂社後，他也開始接觸各類音樂，包括爵士、嘻哈等等。大學三年級時，下定決心要當專業吉他手，便向爵士吉他手布川俊樹拜師學藝，在學吉他之餘也協助布川處理大小事務。大學畢業後，兼差電話總機的打工貼補生活費，堅持不放棄吉他手的夢想。後來，一九九九年布川發表新專輯展開巡迴演出，大竹首次以吉他手的身分站上舞台。

大竹從另一位老師，吉他手津村秀明身上，學習古典吉他、民謠吉他、音樂理論等各項知識。因為他強烈地感受到，身為一名專業吉他手，必須從頭徹底認識吉他這種樂器才行。已累積不少實戰經驗的大竹，就像「海綿吸水似地」把津村的教導吸收內化。

恰巧在這前後，大竹得知有位日籍的藍調吉他手 TOMO FUJITA（トモ藤田），在美國波士頓的伯克利音樂學院（Berklee College of Music）執教，遂立定志向要去伯克利留學。在津村的鼓勵之下，他辛勤地攢下生活費，打工賺取資金，終於獲得機會於二〇〇二年五月起，以獎學金學生的身分到伯克利留學。在成行前一年的二〇〇一年秋天，他先前往波士頓學習兩個月的英語，也兼熟悉環境。這一切看來如此順利圓滿，然而，大竹卻沒有去成伯克利音樂學院，原因是他遇到了一位男人。

## 參加台灣音樂節，結識林生祥

大竹在二〇〇一年十二月底回到日本，前往吉他製琴師「川畑完之」的工作室「Kanji」拜訪，「Kanji」是 TOMO FUJITA 與大竹都很喜歡的吉他品牌。在那裡，大竹遇見了一名男子，他是與美國藍調吉他手 Bob Brozman 也有交情的沖繩音樂家「平安隆」。眼看著即將於隔年二月進入伯克利就讀，此時，大竹卻收到了平安隆的邀請，找他一起合作表演。

「他跟我說就算去了美國，也只有英文會變好而已。事實上我才剛從美國的語言學校回來，心裡確實懷疑過，這樣去留學眞的能成爲更好的吉他手嗎？」

大竹當場接受了演出邀請，他的留學計劃在那瞬間已落幕。接下來的日子裡，以東京近郊的沖繩居酒屋爲中心，展開了一年演出超過兩百場表演的瘋狂歲月。平安隆把節奏感的重要性徹底灌輸給他，而他也透過這樣的實戰經驗，學到了要以專業吉他手的身分賺錢有多艱難，而與現場聽衆互動交流又有多重要。

二〇〇三年十月，平安隆受邀參加台灣第二屆「流浪之歌音樂節」。在這之前，平安隆赴國外表演時，經常與美國吉他手伯斯曼（Bob Brozman）搭擋雙人組演出，但這場活動他卻帶大竹同行，大竹的演奏獲得其他演出者與台灣聽衆讚許。

在這個音樂節的一場演出之中，平安隆、大竹研首次即興的與林生祥跨界合作同台表演。林生祥是一位創作型歌手，他以故鄉高雄美濃爲據點，用自己的母語客家話撰寫富抒情性的歌詞，歌詠他對鄉土的珍愛。與大竹等人同行的吉他製琴師川畑也直接感受到，林生祥與大竹的音樂融合性很高。

當時大竹覺得這輩子不會再有機會見到林生祥，那次活動後大竹就離開台灣了。沒想到二〇〇五年在林生祥決定參加德國魯多許塔舞蹈與民謠音樂節（The Tanz & Folk Festival,

Rudolstadt）之際，林生祥當時的經紀人，大大樹音樂圖像（Tree Music & Arts）的鍾適芳，邀請平安隆與大竹研前往德國同台演出。後來大竹也屢屢接到鍾適芳的邀約，與林生祥共同表演。

另一方面，二〇〇六年二月大竹決定與四年來共享甘苦的夥伴平安隆道別。兩個月後，台灣「客家桐花祭」在林生祥的舞台，再次看見了大竹的身影。同年八月林生祥發表的新專輯《種樹》，大竹也以吉他手的身分參與全曲目的錄音工作。二〇〇七年第十八屆金曲獎，《種樹》一舉榮獲「最佳客語歌手獎」、「最佳客語專輯獎」、「最佳作詞人獎」，但林生祥認爲不該以語言和「族群」劃分音樂類別，在頒獎典禮上婉拒獎座，使這張專輯成了熱門話題。

大竹就這樣七年來一直在台灣、家人居住的日本之間往返，他持續參與林生祥的現場演出及專輯製作，也和大學音樂社團好友貝斯手早川徹，雙雙成爲林生祥的樂團「生祥樂隊」之正式成員。二〇一一年大竹完成了首張個人創作專輯《似曾至此》（I Must Have Been There），二〇一三年生祥樂隊自行擔任製作人，發表生祥樂隊的首張專輯《我庄》。同年秋天，大竹把住在日本的妻子接來，正式於台灣落地生根。

## 屢次獲獎而擴大活動範圍

二〇一三年《我庄》榮獲另一個台灣重要音樂獎項第四屆「金音獎」的最佳專輯獎、最佳樂手獎（林生祥／六弦月琴）、評審團獎三項殊榮，一舉將生祥樂隊推進台灣主流音樂圈。二〇一七年勇奪第十九屆「台北電影節」百萬首獎的電影《大佛普拉斯》，由林生祥負責電影配樂，而大竹也參與編曲、演奏的片尾主題曲〈有無〉，在同年度的第五十四屆「金馬獎」榮獲了最佳原創電影歌曲。

與生祥樂隊的活動並行，二〇一四年大竹與貝斯手早川、鼓手福島紀明，組成三人爵士樂團「東京中央線」開始活動。他們自由豁達的演奏，也爲台灣及香港的聽衆帶來新奇的感受，後來鼓手福島也在二〇一五年加入了生祥樂隊。

二〇一八年，大竹親自教導的學生陳彥伶推出首張EP《Born To 生而爲此》大竹也參與製作。他除了參與樂團的活動，也幫其他音樂人演奏以外，他以一把吉他在一年內舉辦了約三十場獨奏音樂會，踏遍台灣各地。一路上受到諸多先進照顧的他，以回饋恩情的想法來提攜後進，向來總在樂團裡扮演配角的大竹，如今開始站上主角的位置。大竹個人的吉他演奏專輯《Ken》其中的演奏曲〈Okinawa〉二〇二〇年榮獲第三十一屆金曲獎「演奏類最佳作曲人」，他獨特的創作與演奏能力，在這一刻得到毋庸置疑的肯定。

不單如此，睽違十多年的光陰後，大竹終於在二〇一八年「台北爵士音樂節」的舞台上，與平安隆再次共同演出。有些音樂，是唯有累積了經驗的此刻才彈奏得出來。大竹透過彈奏吉他，放開心懷享受與恩師重逢的喜樂。平安隆在台灣錄製的新專輯《雲遊》二〇一九年春天先在台灣發售，之後也在日本發行。這是大竹醞釀多年，親自爲平安隆量身打造並擔綱製作的新專輯《雲遊》。兩人相識十六年，大竹透過製作專輯的方式，獻給老師最美好的報恩。

大竹的吉他被評價爲「彷彿是清澈透明的水，又像是散發香甜氣息的單一麥芽威士忌。」無論何種風格的音樂、何種性格的音樂家，大竹總能依據對方的風貌而變幻自己與之搭配。這就是大竹的吉他最大的特色、也是魅力之所在。那麼接下來，大竹的目標是什麼呢？

「繼續當一輩子的音樂人，然後有一天讓自己的名字能掛在『招牌』上。持續反問自己『我是誰？』，經常透過吉他來面對自己、磨練自己。」

現在的大竹一心面對吉他，散發著修行者的氣息。在平安隆的引導，又有林生祥接棒寫下的緣分，讓大竹在台灣落地生根。如同他的首張個人創作專輯名稱《似曾至此》（I Must Have Been There）那樣，他該在這裡，所以他在這裡。

「透過吉他來面對自己、磨練自己。」

圖片提供／大竹研

■ 千田愛紗 SENDA Aisa

# 在演藝圈開心投入的人是贏家——

## 【歌手、舞者】千田愛紗

一九八二出生於沖繩縣，是歌手也是舞者。八歲進入沖繩演藝學校就讀，十八歲時參加台灣綜藝節目《超級星期天》的日本美少女選拔賽，獲選爲四位日本女子偶像團體「Sunday Girls」的一員，在台灣演藝圈出道。當過動物節目主持人、演員，二〇〇七年以流行嘻哈樂團「大嘴巴（DA Mouth）」女主唱的身分重新出道，二〇〇八年第十九屆金曲獎榮獲「最佳演唱組合獎」、二〇一一年第二十二屆金曲獎大嘴巴樂團成功連莊獲得同一獎項。現在的愛紗在YouTube「創意油管（Ideas Tube）」頻道，以YouTuber的身分活躍於「愛紗愛亂玩」與「千田愛紗」兩個單元。

## 參加選秀，進演藝學校

千田愛紗回顧童年時說「我以前是個內向的小孩」。但是八歲時，愛紗在父母的鼓勵之下參加唱片公司的選秀活動，勇奪低年級組的冠軍，獲得去沖繩演藝學校觀摩的機會。在那裡，愛紗看見只比自己大一歲的小女孩，她唱歌跳舞的模樣，深深吸引了愛紗的目光。

「我也想跟那個姐姐一樣。」

就這樣愛紗進入沖繩演藝學校就讀，她國一那年，學姊安室奈美惠成為全日本的巨星，學校一夕之間全國知名，在學的學生也受到關注。愛紗不只在沖繩當地電視台，每週還飛到東京錄製節目。十五歲開始擔任學校的教練，因此觸發她決定走入演藝圈。

## 十七歲時，思考三天決定勇闖台灣演藝圈

演藝學校的教練，說起來是幕後工作，若有機會她很想站上東京的舞台。十七歲時，東京的經紀公司突然詢問愛紗：要不要參加台灣電視節目的選拔賽？

「提起台灣，我能想到的只有在日本也很紅的徐若瑄，那時候我連台灣在哪裡都不知道，會的中文也只有『你好』跟『謝謝』。」

即使如此，當愛紗得知台灣是最靠近沖繩的國家，就立刻心動了。一想到可以在外國學習當地的語言與文化，同時也能站在演藝圈的舞台上，就讓她雀躍不已。父母也支持愛紗，三天後便下定決心去台灣，一個星期後愛紗搭乘飛機抵達桃園國際機場，看到四處都是中文字的指示牌，雖然她幾乎快被憂慮壓垮，但仍硬著頭皮先闖再說，她想這只是為期三個月的企劃，如果不適應，回沖繩就好了。

愛紗參與的企劃是很受歡迎的綜藝節目《超級星期天》的一個單元，「超級動員令之日本美少女」。在這個企劃裡，最後經過粉絲投票選出了愛紗和佐藤麻衣等四位日本少女組成「Sunday Girls」女子團體，在台灣演藝圈正式出道。隔年，她們發行音樂專輯《好きだよ 喜歡你》並在亞洲各國展開巡迴宣傳，新加坡的簽名會聚集了三千多名粉絲，令愛紗親身感受到電視節目的巨大影響力。然而沒過多久，「Sunday Girls」有兩名成員返回日本，團體也解散了。

留在台灣發展的愛紗，接到綜藝節目《綜藝少女組》擔任主持人的工作，但當時她的華語還不算通順，能說日語的同伴又已經不在身邊，開啟了二十四小時全中文的生活環境。這對於剛滿十九歲的她，眞是太難熬的艱辛，整天以淚洗面。但與此同時，打算在台灣發展下去的想法也逐漸穩固。

## 抓住機會，精進歌藝舞藝

接下來，愛紗開始擔任動物節目的主持人，其他綜藝方面的工作邀約也源源不絕。如今愛紗近乎母語般流暢的華語，在當時語言仍讓她吃盡苦頭。節目製作單位持續警告她「華語不能再更進步了，不然妳的角色形象就不好玩了。」她想把華語學好，環境卻不容許。另一方面，她第一次當演員在知名電視連續劇《流星雨》飾演一角，拍攝現場華語台詞成爲瓶頸，使她重複NG，語言隔閡在眼前阻礙著她。

不知不覺已經來台超過六年，有一天愛紗在藝人朋友的聖誕演唱會，她自願上舞台演唱了一首饒舌歌曲。那個影片在網路上，偶然被音樂製作人畢國勇看見，畢國勇與阿弟仔共同製作的樂團「大嘴巴」（DA Mouth）之後成爲台灣代表性嘻哈樂團，畢國勇直覺認爲日本女饒舌歌手很有意思，所以在衆多人選之中，他決定由愛紗出任大嘴巴的女主唱。

「我好高興『終於等到了！』其實那陣子我剛好開始在想，要不要回日本或是去紐約進修舞蹈。這個邀請正好是我的本行：歌唱跟跳舞，所以我馬上就答應了。不過為了洗掉『綜藝咖愛紗』的形象，在大嘴巴出道之前，差不多花了兩年的時間。」

在大嘴巴出道前的準備期間，愛紗拒絕了所有綜藝節目通告。二〇〇七年十一月專輯《大嘴巴》隆重推出，時尚又嘻哈的樂團主唱愛紗，一出道就讓華語圈震驚，再不是靠「天眞呆萌」為賣點的綜藝咖愛紗。大嘴巴成員本來就是實力派，再加上愛紗戲劇化的轉變形象也很成功，使得大嘴巴一口氣晉升明星的行列，並在二〇〇八年第十九屆金曲獎榮獲「最佳演唱組合獎」。

領獎的那一刻，愛紗雙手止不住的顫抖，腦袋一片空白，沒預期會拿獎，所以連得獎感言都沒有準備。即使如此，愛紗口中迸出的話，是對製作人願意給身為外國人的自己機會、以及從二〇〇〇年完全不懂華語一直到現在許許多多在演藝圈照顧過她的人，向他們致謝。

二〇一一年第二十二屆金曲獎大嘴巴再度連莊「最佳演唱組合獎」，隔年大嘴巴出席東京國立代代木競技場第一體育館舉辦的「a-nation Asia Progress F」。此時，愛紗第一次邀請父母與弟弟從沖繩前來觀賞。她終於有機會，能把自己在台灣一路累積的成果，抬頭挺胸地展現給家人欣賞。舞台演出結束後，感慨萬千的她不禁大哭了一場，這時候團員體貼的讓她獨處一下，也讓愛紗感到欣慰。

大嘴巴在出道九年後，於二〇一六年劃下休止符，不過愛紗回首這段路，大嘴巴讓她成長許多。

「我們團員都會深入討論表演，而我自己原本的武器，歌唱跟舞蹈，一直都有努力研究。華語的發音跟表達能力也被要求更接近母語水準，還有包括管理自己的身體保持在良好的狀態，讓我覺得自己成爲一個眞正的藝人。」

雖然那段日子十分忙碌，但做的是喜歡的事所以不覺得辛苦。即使生病發高燒，利用交通時間在車上吊點滴，下車繼續登台表演，這是她身爲職業歌手的自尊與堅持。

## 不斷挑戰不斷學習，樂在其中

一段緣分牽起下一段緣分，如今台灣已是愛紗心中的第二個故鄉。二〇二〇年恰逢愛紗在台灣演藝圈出道滿二十週年，她表示未來將會兼顧工作與生活的平衡，好好注重生活品質。愛紗從二〇一九年開始在「創意油管（Ideas Tube）」頻道所經營的 YouTube 節目上推出「愛紗愛亂玩」（華語節目）與「千田愛紗」（日語節目）兩個單元，節目包含生活、旅遊、烹飪、學「台語」等內容多元豐富，透過網路能看見愛紗私下會穿的日常服飾穿搭，在空中與毫無修飾的愛紗相逢，是網路節目的一大吸引力。不過，愛紗爲什麼現在要挑戰學台語呢？

「台語是有獨特世界觀的語言，跟華語不一樣，台灣華語是以北京話爲基礎。如果我會說台語，應該更能理解台灣人的感受，我想可以更深的融入這片土地。」

而且愛紗也向我們分享，其實她外婆是在台灣出生的「灣生」，曾經住在花蓮跟宜蘭，到現在都能用台語從一數到十。愛紗在 YouTube 節目向台灣人介紹故鄉沖繩的魅力，另一方面她也計畫著未來要與身爲廚師的弟弟合作，將第二故鄉台灣的美食介紹給沖繩。看起來，今後愛紗在連結台灣與沖繩、台灣與日本所扮演的角色將與日俱增。最後，筆者問她有沒有什麼話要對想進軍台灣演藝圈的後進們說呢？愛紗笑著回答：

「做得開心就贏了。藝人先要自己覺得快樂，再把這份快樂傳給別人，把自己喜歡的事做到最好，將來一定都會回到自己身上，Enjoy!」

# 在吧檯後創造「共鳴」——

【調酒師】川嶋義明

台北的酒吧「Bar Between 架橋」的老闆兼調酒師。一九七八年生於美國加州聖地牙哥，幼年在母親的娘家日本兵庫縣芦屋市度過。國小三年級到國中一年級隨著父親派駐海外而移居台北，就讀台北市日僑學校與台北美國學校。二十一歲認識在芦屋的酒吧店長，受其人品性格影響，而立志成爲調酒師，其後輾轉於芦屋、大阪、聖地牙哥磨練。三十五歲再次前往台灣，三十八歲在台北市開了酒吧，客人約九成爲台灣人，成爲扎根當地的名店。

攝影／松本崇

■川嶋義明 KAWASHIMA Yoshiaki

# 最初的人生導師的一句話

川嶋義明說，無法忘懷童年時期所生活過的台北天母的風景，跟家人一起去住家附近一間小食堂的老闆、拿零用錢去買零食的時候總會多給他一些的「柑仔店」老闆娘，那裡永遠有滿溢著人情味的笑容。走遍了世界各地的他，經過二十多年後，爲何以調酒師的身分重新回到這個城市呢？這其中與三位恩師的存在有著密不可分的關係。

一九九九年川嶋二十一歲的某一天，回家的路上，順路在芦屋車站附近，他偶然走進一間在大樓二樓的酒吧。那是一間幾乎沒有原創雞尾酒，威士忌也僅有十幾種平凡無奇的酒吧。他這位新來的客人，當時是染著一頭金髮、眉毛剃個精光，十足叛逆模樣的青少年，然而店長對於川嶋卻絲毫沒有不悅的熱情接待。

「後來我才知道，店長中山隆先生是我國中的學長。他很擅長傾聽，還跟我說過：『川嶋你一定會成功的。』到底他這麼說的根據是什麼？我到現在也不知道，但這句話後來一直是我很重要的『護身符』。那時候我在想，我以後也想變成像他這樣的大人，所以才開始想當調酒師。」但在那之後沒幾年，中山就英年早逝，享年四十。即便如此，每次隔著吧檯的對話，中山教導了年輕的川嶋不少事物，包括鍛鍊直覺、人與人溝通的重要性，他是川嶋的第一位人生導師。

## 在連續的挫折中迷失自己

常去芦屋那間酒吧的同時，川嶋的另一位導師出現了，他是川嶋曾在大阪梅田打工的咖啡館的店長，堀江孝俊。高中的時候川嶋經常待在一家精品咖啡廳，堀江當時是那家精品咖啡廳的店長。兩人本來就認識，這次在同一個職場，以上司和下屬的關係重逢。

「我從堀江那邊學到了區分工作的優先順序，以及規劃工作步驟的重要性，也扎扎實實地磨練了餐飲業的3S（Speed、Smart、Smile）在這裡打下工作的基礎。」

與堀江重逢的四年後，二十五歲的川嶋爲了換發駕照而回到出生地，美國聖地牙哥。在聖地牙哥待了大約一個月之後，川嶋開始在一間酒吧工作，那是他第一次站在吧檯後面當調酒師。他回首當時，認爲自己雖然頗受顧客歡迎，但工作方式完全都是自學而來。因爲飽受文化隔閡之苦，他在美國的生活終究沒有持續多久。

在那兩年後，川嶋再次回到芦屋，遇到在居酒屋做營業前準備工作的廚師。他叫小田桂三，其實是芦屋一間開業已久的酒吧「The Bar」的老闆兼調酒師，在自己酒吧開始營業前，到朋友的居酒屋幫忙而已。川嶋開始在第三位導師小田的酒吧工作，現在川嶋在台北經營的「Bar Between 架橋」的招牌調酒「神戶式角嗨」與「伏特加利克」正是在「The Bar」學到的雞尾酒。然而，川嶋卻在這裡遭遇到挫折。

「是我因爲自學而埋下的地雷啦。在美國，只要陪客人聊天聊得開心就夠了，但是在日本，不管店家或客人都會要求調酒師具備專業技術。而且『The Bar』的客人年齡層又偏高，在這點更加嚴格。我才意識到自己不夠專業，每天一直自責以前沒有好好學。」

三十歲時，川嶋放棄當調酒師，開始了設計T恤的新工作。當他跟第二位恩師堀江告知此事，堀江說的話卻讓他感到相當意外。

「川嶋你絕對會回來餐飲業的。」

## 立志當調酒師的十七年後，在台北創業了

雖然持續做著T恤設計師，但每當夜幕低垂，川嶋就自然的走向酒吧。他四處拜訪各種酒吧，喜歡坐在吧檯，注視著調酒師工作，一邊分析眼前的調酒師與自我風格之差異，靜默觀察卻自得其樂。正好這時候，川嶋開始頻繁造訪台灣，這個他在童年曾住過一段時

間的地方。他與台北日僑學校的同學保持著聯絡，也對台灣本來就感興趣。他很喜歡台灣人清楚表達喜怒哀樂、總是充滿人情味。也讀了很多與台灣相關的書籍，每當重新認識自己曾住過的那片土地，他就覺得台灣很可愛，不知不覺萌生想對台灣報恩的念頭。川嶋逐漸確信，如果將來自己要開店，地點一定要在台灣。

應驗了第二位恩師堀江的預言，三十四歲那年，川嶋在芦屋的「The Bar」重新回到調酒師工作，他下了一個決心。隔年他取得學生簽證，前往台灣，在中國文化大學推廣教育部重新學習中文，然後一邊在酒吧和餐廳打工，一邊穩定進行著在台北創業前的準備。中間他也一度回鍋前東家「The Bar」工作一年左右，學會了水果雞尾酒，那是他之前不太有興趣的領域，但在「水果王國」台灣開店，必須得學好這款調酒。

二〇一六年十一月，川嶋做好萬全準備，自己是老闆兼調酒師，在台北市迎來「Bar Between 架橋」的開幕。酒吧開在與大馬路相隔一條街的巷子裡，當時身邊親友都反對這個地點，但川嶋相信自己的直覺。從店裡的窗戶往外望，可以看到小公園裡的綠意，那片風景就是他決心在此開業的原因。店名蘊含著他的一份心意，他希望這間店能成爲台灣與日本之間的一座橋梁。川嶋這位晚熟的調酒師，終於在異國的土地綻放異彩，回首二十一歲決心成爲調酒師，十七年的歲月轉瞬即逝。

隔年他回故鄉芦屋之際，實現了長久以來始終做不到的事：前往第一位恩師中山隆的墳墓祭拜。恩師那句「你一定會成功的」，這十幾年來一直陪伴著川嶋，如今終於能向恩師致謝了。他從中山那裡學到了做人的道理、從堀江那裡學到了規劃工作步驟，從小田那裡學到了調酒師的技術。因爲與這些恩師相遇，川嶋義明才能成爲專業調酒師，這樣說其實一點也不誇張。

## 透過平等的對談共鳴，建構不流於一時熱潮的長久關係

川嶋高中二年級的時候，在芦屋經歷過日本阪神大地震，所幸家人都平安無事，但他也目睹了許多人的生活如何在一瞬間風雲變色的景況。二〇一一年發生日本三一一大地震的時候，台灣人紛紛慷慨解囊幫助日本重建，使川嶋由衷的感激台灣。這是不少日本人對台灣開始抱持興趣的契機，二〇一八年暑假「最受日本人歡迎的出國旅遊地點」台灣第一次超越夏威夷（根據日本旅行業協會調查結果）。然而對於現今的台灣熱，川嶋則抱持著較爲冷靜的態度。

「大家開始對台灣感興趣，這當然是好事，不過正因爲我很重視台灣，才不希望『台灣熱』對日本人只是掀起一陣熱潮，不久就退流行了。」

那麼該如何建立，日本和台灣之間穩健踏實的關係呢？川嶋以「酒吧」這個自己擅長的領域爲例，如此說道：「比如說，把飲料當開場，把對話當下酒菜。最重要的是，隔著吧檯客人與店家以平等的關係面對面的時候，所產生的那種『共鳴』。」

隔著六十五公分的吧檯，所產生的「共鳴」。對川嶋而言，在酒吧這樣的小空間編織出個人與個人之間的關係，和日本與台灣之間的國際關係，或許兩者都能以相同的世界觀看待。當雙方以平等的立場展開對話，進而產生共鳴時，兩者之間自然就會架起一座橋梁。川嶋如此闡述自己的理想時，這些話其實是他二十一歲的時候，恩師中山隆教導他的。換句話說，無差別的用熱情對待每一個人、仔細傾聽對方說的話、用積極正向的語言鼓勵對方，這些溝通的基礎都被川嶋注意到了。中山隆仍活在川嶋的心中。

「Bar Between 架橋」從開店已滿五年，客人約九成是台灣人。川嶋對台灣的情感，台灣人也清楚的回應著。不知不覺，川嶋的年紀已經超過中山隆生前的年齡，對於川嶋現在的模樣最感到高興的，想必是九泉之下的恩師中山隆。

## 台灣東海岸與日本的「橋樑」——

【翻譯統籌】藤樫寬子

多摩川文化事業有限公司代表。玉川大學畢業後，移居台灣。在花蓮縣的吉安慶修院——日治時期爲日本眞言宗高野山派的傳教所，擔任企劃兼總務人員，同時也在台東設有據點，支援台灣原住民文化傳承計畫，並協助媒體在東海岸採訪的統籌工作。而且會講原住民族的阿美語、卑南語，堪稱是台灣東海岸的達人。二〇二〇年與阿美族人結婚、二〇二一年誕下長子的她，在台灣東海岸扎根得更深了。

■ 藤樫寛子 FUJIKASHI Hiroko

## 教育實習選擇了台灣，因而結下了不解之緣

藤樫寬子生長在普通的教師家庭，從小就喜歡閱讀和畫畫。家人及自己都深信將來要成爲老師，所以進入以培育教師知名的玉川大學文學部外國語學科英語專攻教職課程就讀。

「可是，進入大學之後，才發現到原來社會上有許許多多不一樣的工作，和不一樣的世界。所以，教育實習特地從海外的學校裡，選擇了與玉川學園是姊妹校的台北稻江高級護理家事職業學校。」

就是這個選擇，讓她與台灣結下了不解之緣。當時是電視偶像劇《流星花園》大受歡迎，大街小巷播放著周杰倫、S．H．E的歌曲，就連日本也出現「華流」一詞的時代。回顧在台灣的生活每一天都很開心。藤樫在實習結束後返回日本，靠著打工存到一百萬日圓。二〇〇三年，大學一畢業就毫不猶豫地飛到台灣，在台灣師範大學學習中文。

一年後，身上的錢全部都花光了，藤樫選擇待在台灣，一邊工作一邊繼續學中文。但是，幾年過去了，一開始讓她覺得很快樂的台灣，不知不覺地逐漸褪色。那個時候，剛好聽到有人在問要不要到觀光景點的九份開二手店，於是她租下店面，內部裝潢也都完成，

就要準備開店時，卻緊急踩剎車。原來，店面的土地是住宅用地，不能夠作爲商業用途。開店遭遇挫折，加上來自家人的壓力，頻頻問她要不要回日本。二〇〇八年六月，藤樫只好回到日本。可是，睽違數年後回到了故鄉，卻感覺格格不入，甚至覺得自己是來自未來的人。

## 重回台灣，直奔台東

回國後，藤樫參與了台商在日本設立分公司的工作。這間公司在中國有工廠，因爲管理業務上的需要，三番兩頭要到中國出差。她每天不斷地加班，過著回到家倒頭就睡的生活。

沒想到轉機的到來是因爲二〇一一年發生的日本三一一大地震。當時，就連上班地點所在的東京日本橋，藤樫也親身感受到劇烈搖晃。但是，地震發生後不久，即使整個社會陷入混亂的非常時期，公司卻是擔心給客戶的交貨期限，還有電車遲到的時間要被扣薪水等事，這些讓她感到很疑惑。剛好在此時，聽到了在台北相當要好的台灣友人自殺過世的噩耗。

「我非常震驚，因為大地震和朋友的死，許多念頭在腦海中來來去去，誰都不知道人生何時會發生什麼事，我做這樣的事情對嗎？如果有想做的事情，就要趁現在，不是嗎？」

在這個念頭的驅使下，二〇一一年九月她回到台灣，路過以前居住的台北，直接前往台灣東海岸的台東。這是有原因的。

前一年的二〇一〇年，藤樫受到住在台北的日本朋友之邀，利用跨年的休假期間到台東縣卑南鄉的泰安部落（Damalagaw），參觀卑南族的「大獵祭」（狩獵祭典）。住在台北的時候，幾乎都沒有意識到台灣原住民文化的存在，那時候是第一次親眼看到傳統的服裝、語言、歌謠、舞蹈等，每一種都帶給她強烈的衝擊。

「他們有自己歸屬的地方，有自己部落的歌謠，還有傳統舞蹈。我在日本的都市長大，那裡的東西是我所沒有的。」

日治時期受過日本教育的日語世代耆老，他們說的日語使藤樫感動，那是停留在七十年前的優雅日語。在自己的母國，日語每年都在變化，可是這裡卻仍保留著日本很早就已經消失的東西。如果自己也能夠進入那個在台東的圈子，不知道會有多麼的快樂啊。

過了將近兩年的歲月，心中所想的終於實現。藤樫在泰安部落住了下來，學習卑南語，養雞，學習原住民料理，也接觸傳統舞蹈和刺繡，完全沉浸在這塊土地的文化洗禮當中。但是半年後，她將據點移到台東市區，村裡的年輕領袖提出「大巴六九部落的故事屋」計畫，藤樫擔任計畫的宣傳及考察團的導覽口譯。這次她從部落之外去協助傳達他們的文化。

「我給自己的定位是希望成為『橋梁』的角色，就是擔任日本與台灣原住民族之間的『文化翻譯』吧。」

## 在原住民的生活及傳統文化中找到安居之所

隔年，藤樫又多出了一個據點。花蓮縣吉安鄉有座古蹟叫做慶修院，創建於一九一七年，當時被稱為「吉野布教所」，作為日本眞言宗高山寺派的傳教所，是一群來自日本德島縣吉野川流域的移民的信仰中心。二戰之後，被內政部指定為國家三級古蹟。透過朋友介紹到訪此地的藤樫，遇到了承包管理這座古蹟的公司執行長陳義正。

在那之前，藤樫對日治時期的台灣歷史幾乎是一無所知，過去由日本人蓋的這棟建築物，即使二戰之後歷經七十年，依然受到台灣人妥善的保存維護，她心中為之動搖。這裡有教科書沒教的歷史，一邊聽著解說，她的眼淚也忍不住掉下來。

「如果有我可以幫忙的地方，什麼都願意做。」

她當場不加思索地說出口。一聽到陳義正說三天後會有「灣生」來訪，立即自告奮勇負責現場口譯。因爲這個契機，她持續往返於台東和花蓮兩地，不久後，被邀請擔任慶修院的企劃・總務人員。她在慶修院一邊學習台灣歷史，也作爲向台灣人傳遞日本文化的據點，開始善加活用。但是，爲了說明日本的節日慶典，首先自己有必要從基礎重新學習日本文化，也學會和服的穿法和女兒節（三月三日）人偶娃娃的裝飾。身爲「橋梁」的她，在日本人稀少的花蓮、台東，形形色色的計劃都找上她，爲了讓自身工作穩定下來，二〇一四年她成立了自己的公司。

二〇一四年，她獲得文化部推動的「青年村落文化行動計畫」補助，在吉野鄉的上騰工商試行融合台灣原住民舞蹈與沖繩 EISA 哎薩（琉球傳統民俗太鼓舞）的文化創新活動。因著這個機緣，藤樫也收到此校牆面彩繪計畫之委託，在二〇一八年秋天大功告成。牆上繪有阿美族、日本人、客家人，刻劃了這塊土地的歷史記憶，表現出多元文化並存的世界。

此外，國立台灣史前文化博物館與日本國立科學博物館（上野本館）合作的台日共同企劃「跨越黑潮－復現三萬年前的航海實驗計畫」，藤樫也參與其中。工藝師 Lawai（賴進龍）繼承了阿美族古老的傳統造船技術，Lawai 手工打造的史前竹筏，在二〇一七年從台東大武成功航向綠島，那次的實驗試航藤樫也在裡面幫忙。這項實驗計畫是爲了探索出三萬年前從台灣跨越黑潮移民沖繩的可能性，最終目標已在二〇一九年七月九日完成。

藤樫在這項實驗計畫中認識了 Lawai，並且尊他爲師。Lawai 自己蓋茅草屋居住，將祖先傳承的文化活用在現代生活之中，如果遇到有困難的人就全力幫助對方，從他身上，藤樫感受到人類眞正的良善。雖然想要向他看齊，卻是無法被徹底模仿的存在。那麼，藤樫自己想成爲什麼樣的人呢？

「永遠扮演中間角色的人，我想成爲恰如其分幫忙協調、發揮緩衝效果的人。」

她這樣說著的時候，大眼睛閃耀著光芒，並且笑說「我的人生常常忙得像學校舉辦園遊會前一個禮拜的執行委員。」在這塊土地上，她自認因爲緣分而被召喚而來，想必這位台灣東海岸的達人，今天也陪伴著當地居民，在美麗的海岸線或花東縱谷的村鎮裡奔走吧。

# 塞翁失馬，焉知非福——

## 【編輯、文字工作者】二瓶里美

出生於福島縣，成長於橫濱市。櫻美林大學畢業後，任職貿易公司，後赴上海外語大學、天津外語大學留學共一年半。回日本後，進入專業語言教材出版社ＡＬＣ上班。二〇〇五年～二〇一三年擔任《中國語Journal》的編輯。二〇一四年移居台北，擔任台灣的日語月刊《美好台灣》總編輯。現在除了是自由編輯和文字工作者，也是台灣出身的藝人垠凌的經紀人。二〇二〇年五月與張克柔共同撰寫並於日本出版《日本人想知道台灣人的理所當然——台灣華語導讀》（暫譯，三修社）

■ 二瓶里美 NIHEI Satomi

## 在中國留學時受到中國學生的學習態度所衝擊

二瓶里美出生於福島縣磐城市，幼年於成長橫濱，暑假必定去母親娘家或阿姨家，在福島縣石川郡石川町度過。她很喜歡石川町的田間蛙聲、小神社的林間蟬鳴、盂蘭盆舞祭典的音樂，最喜歡的是外公外婆阿姨姨丈說著福島方言的口音。她那時就培養出對語言的興趣了。

二瓶在大學時主修中文及中國文學。她的畢業旅行就是在北京語言學院（現今的北京語言大學）短期留學幾個星期。她感到超乎預期的適應當地生活。舊城區稱爲「胡同」的小巷子裡有用汽油桶烤地瓜的路邊攤，她從「胡同」裡望向另一側遠方摩天大樓林立。都市與鄉鎮、現代與傳統，在混合之中一同前進，中國這股發展的氣勢看得她瞠目結舌。

畢業後她在貿易公司工作了四年。這段期間對語言的興趣有增無減。在一九九七年的夏天已做足了準備，她決定去上海外語大學留學。雖然在上海生活很快樂，但校園內充滿了日本留學生，街頭巷尾則充斥著上海話。她覺得上海的環境並不適合學習中文的官方語言「普通話」。一年後她轉學到比較接近北京，日本人比較少的天津外語學院（現今的天津外語大學）。

二瓶在天津留學時，特意與日本留學生保持距離，努力跟日文系的中國學生做「語言交換」，他們學習日語的熱忱跟態度讓二瓶感到震驚。

「我知道在大學四年裡要能夠高度的了解外文需要付出多少的努力。看到那些住在沒有隱私的大通鋪宿舍裡的學生，早上連在校園行走時都珍惜時間不停地背誦教科書裡的字句。對於他們就像古人『二宮金次郎』埋頭苦讀的樣子，我佩服得五體投地。」

二瓶感受到自己的中文能力已進步到一定程度，也曾想過就此留在中國工作，但遭到父母的反對，最終她在一九九九年年初返日，在東京上班同時繼續就讀翻譯職業學校。

## 開啟編輯生涯，並擔任藝人垠凌的經紀人

二〇〇〇年，日本前三大的專業語言教材出版社ＡＬＣ開始發行《中國語 Journal》月刊，一出刊就在學中文的圈子裡引起很大的話題。二瓶也是該月刊的讀者，兩年後得知ＡＬＣ出版社在應徵客服人員，隨即應聘並錄取。雖然不是在編輯部工作，但能進入中文相關的業界還是讓二瓶很開心。她曾經跟同事透漏希望能用中文工作，後來如願於二〇〇五年年初二瓶被調職到《中國語 Journal》的編輯部。

「中國語Journal的歷代總編輯都是我的恩師。古市眞人先生給我寶貴的機會，並承蒙海老澤久先生的栽培，讓我描繪出自己心目中理想編輯的輪廓。服部浩之先生讓我學到從寬廣的視野掌握事物。」

二瓶曾經擔任過電影評論、烹飪、娛樂圈報導的編輯，也曾負責在採訪名人之前的安排準備。她在職涯第一次採訪時，受訪者臨時更改日期，然而原先安排好的中文母語採訪者無法配合時間，導致二瓶必須直接用中文採訪。雖然如此，當時因爲台灣的電視劇跟偶像，乘著備受稱讚的「華流」熱潮，也讓她的這份工作進展順遂。

「一開始我用自己的方式在做編輯工作，在採訪的現場不斷被磨練。每次採訪，我常被受訪者的魅力給吸引了，變成對方的粉絲。」

其中一位受訪者是藝人垠凌，她當時也是隸屬於哈士路（職業摔角團隊）活躍的職業摔角手（當時的藝名是Yinling of Joytoy）。垠凌的個性很爽朗、冷靜而且能不卑不亢的談論自己，這樣的態度讓二瓶對她很有好感就此結下緣分。二〇〇七年起，《中國語Journal》開始連載垠凌提供的台灣資訊，由二瓶負責編輯。二〇一一年垠凌回台灣後，兩人依舊保持聯絡。二〇一五年起，二瓶成爲垠凌的經紀人，垠凌所有與日本相關的工作都由二瓶擔任連絡窗口。

曾經盛極一時的《中國語 Journal》在二〇一三年春天停刊了，因此二瓶被轉調到書店的業務部，在後台支援自家公司出版的書籍之銷售。

## 渡航台灣，擔任雜誌總編輯

隔年有某位二瓶也熟識的《中國語 Journal》的作家，突然告訴二瓶台灣的日語月刊《美好台灣》在徵求總編輯的消息。二瓶立刻投出履歷，隔週《美好台灣》的老闆親自飛到日本來面試她，一拍即合的順利談成了總編輯的工作。二〇一四年七月，二瓶再次前往海外。

「以前出差就來過台灣很多次，覺得台灣好親切。我喜歡台灣，是本來就會想搬來這裡養老的喜歡程度，所以我不介意來台灣工作。」

與台灣的團隊，因著編輯習慣不同而讓二瓶感到困惑的事情並不少，慢慢她也「入境隨俗」的適應了。她還要接受老闆的提議，增加觀光資訊，要做出不論男女老少都能隨心閱讀的雜誌。並在版面設計跟文章內容有所創新，二瓶發揮了她對雜誌改革的能力。一切看起來一帆風順。

二瓶回憶道，雜誌的主要讀者群：派駐在台的日籍員工人數減少，加上紙本媒體漸漸轉向網路媒體，另外還有免費雜誌本身就有營運的困難度，種種因素讓《美好台灣》於二〇一八年發行完四月號就停刊了。（後來經營權易主，於二〇二〇年四月改版復刊。）

「當時我們也許有爲了減少經費而打破慣例將辦公室廢除的選擇。雖然知道如果照我的想法實行的話，也未必能避開停刊的命運，但是現在回想起來還是覺得當時應該還有很多可以做的事情。我覺得經營團隊的停刊判斷是合理的，他們眞的很照顧我，我對經營團隊跟同事眞是有說不盡的感謝。」

在那之後，二瓶接受了台灣的一家外語教材出版社的編輯工作邀約。「當上帝關了一扇門，必打開另一扇窗」貼切的說明了她的際遇。二〇二〇年五月，二瓶與台灣知名譯者張克柔共同撰寫《日本人想知道台灣人的理所當然——台灣華語導讀》，由日本的三修社出版社發行。書中以日本人與台灣人的對話爲主軸，解說台灣的歷史文化及生活習慣，採用中日文對照，是非常實用的書籍，也可做爲教科書。這本獨特的書裡，到處能看到二瓶身爲編輯的經驗和觀點。

## 擔憂對執筆資訊的敬意越來越少

另一方面，讀者正在離開紙媒，關於出版業未來的趨勢，二瓶是如何看待呢？

「紙本書的優點是不需要電子書閱讀器、還可以讓作者簽名、也能隨意翻到想看的頁數。紙本書應該不會完全消失吧。另一方面，因爲不用印刷，可以降低人事跟其他成本，出版數位化會加速進行吧。數位化能夠將資訊切割的非常細小，像是『note』（日本數位文章網站）那樣，可以只購買自己需要的一篇文章，對於消費者而言優點很多。」

目前的市場行情，電子書比紙本書的價格更低，消費者在購買時會面臨二擇一的問題。二瓶認爲，若在實體書店消費可享有獨家優惠，購買紙本書時只要加少許費用，就能用套裝優惠價，再得到電子書的話，讀者可以分開使用紙本書跟電子書，二瓶認爲實體書店與網路書店可以共存。不過，她也提出警訊，在免費資訊充斥的時代，便利的背後潛藏著讀者對作者撰寫之文章的敬意也大幅降低了。

「對於有專業知識、累積實力才可以寫出來的作品，必須要支付等值的金額回饋給作者跟出版社，以表示敬意。」

以租借書籍爲目的的圖書館跟租書店，是否一開始就按出借的次數支付使用費給出版商，抑或一開始就設定高額的購入價等等，提倡建立保護出版商與實體書店的制度。由此可看出二瓶對出版刊物的深切之愛。在訪問的最後，筆者詢問她的座右銘。

「來台灣，我學到了嘗試錯誤的精神；因爲《中國語Journal》停刊轉調其他部門，我了解到整個出版業整體的循環；在《美好台灣》停刊後找到的新工作不需要加班，自由接案的案件增加，我也養成運動的習慣，健康狀況有比較改善。」

最後，二瓶說不管發生什麼事情，她希望能不過度沮喪、不傲慢、淡定的過生活，並以「塞翁失馬，焉知非福」評論自己的前半生作爲總結。

圖片提供／二瓶里美

與垠凌合照

圖片提供／初耳 _ hatsumimi

■ 小路輔 KŌJI Tasuku

# 將流行昇華成文化——

【初耳／hatsumimi 總編輯】小路輔

生於一九七九年，二〇〇二年進入JTB集團擔任入境旅遊部門及日本政府推行的Visiting JAPAN Campaign相關業務，二〇一二年轉任START TODAY（時尚服飾類電子商務企業），著手發展線上購物商城ZOZOTOWN的海外事業。二〇一四年創立富錦樹東京（FUJIN TREE TOKYO），同時也主辦台灣最大的台日文化活動「Culture & Art Book Fair」和「Culture & Coffee Festival」等交流活動。卸任富錦樹集團事業單位總經理後，二〇一九年創辦台日交流電子雜誌《初耳／hatsumimi》擔任總編輯，目前以日本和台灣的文化與生活風格的交流爲主題，企劃各種活動。

## 從日本觀光業務到轉戰海外商場

回溯至大約十九年前，二〇〇二年小路進入日本規模最大的旅行社 JTB 集團，前一年美國才發生九一一等多起恐怖攻擊，旅遊業剛步入「十年景氣寒冬」時期，之後 SARS 衝擊接踵而來，爲了振興低迷的觀光產業，二〇〇三年起日本政府觀光廳大力推動「赴日旅遊宣傳活動 Visiting JAPAN Campaign」，小路從那時起開始接觸觀光推廣活動，累積經驗並磨練入境旅遊的知識、建立深厚人脈。二〇一二年小路轉換跑道，進入時尚服飾電子商務網站 ZOZOTOWN 的母公司 START TODAY，管理包括台灣等共八十二個地區的海外營運。認識了當時 ZOZOTOWN 在台灣的協力廠商之負責人吳羽傑，在兩人的合作之下，台灣的業務順利步上軌道，兩人更在二〇一四年共同創立了富錦樹。小路是這樣形容兩人之間在想法與個性上的差異。

「羽傑和我在工作跟生活風格的想法，剛好完全相反。他的作風會先設定一個遠大的夢想或目標，並追求生活品質；至於我，則是偏向一步步地達成小小的夢想及目標，享受積小成衆的樂趣。」

兩位創辦人在個性和對事物感受的不同，孕育出一種相輔相成的互補關係，推進著富錦樹的蓬勃發展。但讓人意外地，兩人幾乎互相不干涉對方的工作，對他們而言，不要靠得太近，或許是維持良好夥伴關係的秘訣。另一方面，小路對許多日本人心中想像的「台灣人對日本的印象」，則抱持著許多疑問。

## 對台灣懷日風潮的獨特見解

「的確，台灣人非常友善，但我認爲，無法用日本人常常說的『親日』兩個字來簡單概括，如果用日本的標準來看台灣，因爲出發點就誤會了，後來也會造成完全相反的結果。」

例如，近來日本社會大聲疾呼工作和生活要取得平衡，但瘋狂加班爲公司鞠躬盡瘁的態度，還是多數人根深蒂固的想法；另一方面，台灣把個人生活放首位，工作若不適合便輕易離職，這點倒是和歐美較爲相似。此外，在商業合作的討論之中，對金錢錙銖必較的態度，也是華人社會的特色。因此，日本人若以「台灣人的價値觀和自己很相似」爲出發點來跟台灣做生意，慘賠的案例不斷發生。台灣終究還是外國，小路認爲，建立一個符合全球標準來談商業合作非常重要。

另一方面，小路以「懷日」一詞形容台灣人對日本的想法。台灣民主化持續進行，經歷過政權交替的現代台灣年輕世代，摸索著如何對外展現台灣獨特的創意與文化，「懷日」的想法從這個過程逐漸成形。台灣年輕人想要從日治時期，尋找自我文化的根源，那便是「懷日」的開端，而日治時期就是他們的爺爺奶奶那一輩的長者以「日本人」的身分曾經生活過的日子。每年有超過五百萬的台灣人造訪日本，小路認爲，其中很大部分的動機是這種「懷日」的想法。

「我想日本人會覺得台灣人『親日』，是因爲台灣華語中的『好客』跟『懷日』融合而產生的結果。」

## 將一時的流行昇華為文化的異地挑戰

在小路經手規劃的活動之中，也隱約可以見到這種「懷日」的設計。例如，回頭檢視二〇一七年七月在華山文創園區舉辦的「咖啡多元文化展 Culture & Coffee Festival」，那是一場台日咖啡文化的共同演出，現場大排長龍，氣氛熱烈。日本的咖啡文化歷經數十年已進入成熟期，而台灣的咖啡文化只是近十年才爆發性成長，由十家日本咖啡界翹楚所開設經營的咖啡廳或烘豆坊來台參展，介紹日本的優質咖啡，以及台灣沒有的產品，讓台灣的參展人潮蜂擁而至；另一方面，來自日本的參展商，親眼見識到台灣的咖啡廳老闆以及咖啡愛好者的莫大熱情，因爲在日本不會見到這種台灣咖啡文化的巨大能量，大家都淹沒在台灣人的熱情之中。以結果來看，台灣的看展人與日本的參展商都能互相學習實現了雙向交流。

其實這個活動還有另一個重要的規劃。當初召募台灣參展商之際，小路收到了多達一百四十家咖啡廳的申請書，若從商業角度來說，租一個大場地，讓所有申請者都能參展是常態的作法；但小路卻不遵循常規，反而將參展商縮減到三十家。

「我覺得黃金比例是日本十家參展商，配上台灣三十家參展商。如果台灣這邊的數量太多，日本的參展商會被淹沒，這樣的話，沒辦法突顯出台日雙方咖啡文化的差異，也失去了雙向交流的機會。就算活動規模比較小，如果先建立起文化，商業利潤後續自然會跟上來。不是要追求短暫的流行，而是有意識的讓流行昇華成一種文化。」

但那並非容易的事。台灣人常被批評愛一窩蜂趕流行又善變，而人口也只有大約日本的五分之一，退流行的速度也比日本來得更快。商店的淘汰率也很激烈，新雜誌發行創刊號之後，常出現無法出版第二期的窘境。而且因爲服兵役，男性的就業時間延後，再加上輕易就換工作的社會風氣。這樣的台灣社會背景，要讓一時的流行昇華成文化，需要付出更多努力。小路舉出讓看展人可以親自體驗的「評比味道」和「創造故事性」這兩個關鍵字做爲例子。

「例如在活動中，我們舉辦了很多工作坊，讓看展人可以用聞香杯試聞試喝各種不同的咖啡豆，從咖啡的酸、甜、苦、餘韻等滋味與香氣的差異，摸索出自己喜歡哪一種咖啡豆，再從這個經驗出發，鼓勵看展人以後主動去逛咖啡廳，找到有賣自己喜歡的咖啡豆的店家。我認爲，看展人對這些活動產生共鳴與理解，最後會主動分享自己的經驗，進而蘊釀並形成文化。」

## 做為異國經營者的放棄與堅持

台灣在這點上，基於社會風氣比較接受個人可以清楚表達自己的意見，網路社交媒體也很發達，對於昇華一時的流行成爲文化也有優勢。幾年前日本雜誌《BRUTUS》台灣特輯的封面，在台灣的網路社交平台上成爲熱門話題，令人記憶猶新。一開始的焦點在於，討論台南國華街維持數十年如一日的街景似乎是在強調台灣落後的一面，讓台灣人覺得丟臉；另一派則認爲那是在讚美台南的美好日常。這些贊成與反對的意見在網路上被廣泛地熱烈討論，但不久就出現了可以拼貼自己喜歡的風景照片，並製作出個人版《BRUTUS》封面的App，原先的討論焦點完全被擱在一旁，「進化」到很多人都熱衷於製作「My封面」的狀況。這樣的速度及感覺都是台灣獨有的，小路則從中窺見了台灣的文化創造之可能性，因此，他如此地定義富錦樹所扮演的角色：

「就像我們選品店裡的商品，不是要說產品的好壞，而是要說在生活中要怎麼使用？我們的角色是對美好的生活文化提出一些方案。我每次改變店裡風格主題的時候，想呈現只有外國人才看得到的面向，讓台灣人重新認識、再次發現自己沒注意到的台灣特色跟優點。」

小路說，今後日本將面臨的諸多難題，其實都可以從台灣獲得許多啟發。少子化、高齡化、長照、性別認同、民主主義的本質、工作和私人生活的平衡，在這些議題，台灣反而比日本更先進。據說日本在考量未來的時候，台灣的人口規模是非常適合的參考模型。筆者詢問小路在台灣生活的秘訣、商場的信念爲何。

「我覺得在外國經商『放棄』是很重要的。我不是台灣人，所以不可能百分之百理解台灣人的感覺。對我而言的小事，對你們卻很重要，反過來的情況也常發生。不必強求可以全面的理解與被理解，有點不懂也沒關係。當然，如果能相互理解是最好的情況啦……。在這樣的認知下，創造台灣和日本之間的『平台』是我的工作。提到我的信念，簡單說就是『Agree to disagree』（我同意你的不同意）吧！」

二〇一九年四月富錦樹集團專注拓展餐飲業的版圖，隨著這個轉變，小路也完全卸下經營管理職務，只保留單純投資的股東身分，他過去負責管理的媒體&活動部門「have a nice」也從富錦樹分割獨立出來。因此他在二〇一九年七月推出專注於台日交流的電子雜誌《初耳／hatsumimi》並親自擔任總編輯。

二〇二〇年新冠病毒席捲全球，小路原本是每隔兩週往返台灣、日本，過著台北、東京的雙城生活，但同年四月起，兩國政府皆施行入境者需檢疫隔離兩週的政策，成爲他返回台灣的阻礙。小路本來計畫今年夏天要回歸台北生活，無奈才剛入夏的台灣就爆發疫情只好放棄。但是他在台灣的公司仍由台灣員工經營著，無論是台北的家或公司，小路依舊持續支付著房租。

另一方面，日本人因爲新冠病毒而對台灣的印象有大幅改變、大力讚賞台灣的防疫政策、對唐鳳十分矚目。日本贈送疫苗然後台灣表達感謝，這件事超越政治的意圖有助於深化台日友好關係。另外，小路分析透過這次東京奧運，對台灣參賽選手感到親切的日本人也增加了。

「疫情結束之後，這段期間裡第一次知道台灣而且對台灣感興趣的朋友，以後會開始跟台灣有交流；本來就跟台灣建立了深厚關係的朋友，以後會更深的交流。換句話說，不管是橫向的廣度跟縱向的深度，在這兩個方向，以後日本跟台灣的交流都會越來越多吧？最近日本對台灣的飲食文化越來越感興趣，在這樣的社會風氣之下，我自己也在想要不要來辦一個針對『飲食』的活動。」

小路雖然抹去自己顏色，徹底隱身在幕後，但他是以深刻的洞察力爲後盾、擁有自己獨特哲學、展現不同能力的卓越經營者。小路持續刺激著台灣人的「懷日」意識，也像一個「園丁」把流行的嫩芽培育成文化的大樹，今後也將持續綻放他的影響力吧。小路下一步的行動是什麼？現在已讓人引頸期盼。

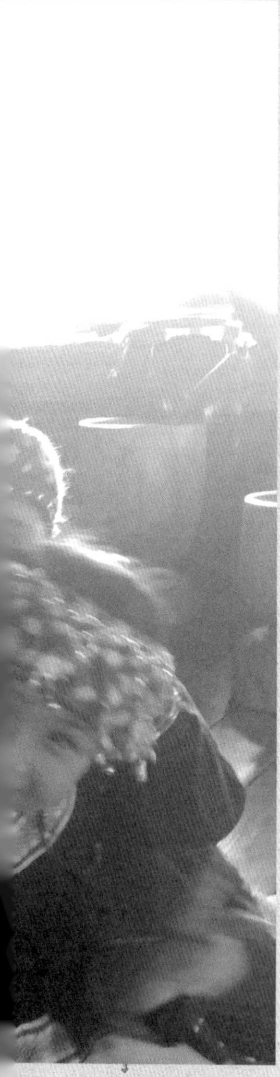

# 屢敗屢戰的不倒翁人生——

## 【鼓手、作曲家、音樂製作人】戶田泰宏

一九八〇年出生於埼玉縣宮代町，二十四歲來台灣旅行途中在高雄受到音樂製作人吳坤龍賞識而移居台灣，二〇〇七年由楊培安演唱而走紅的台灣啤酒廣告歌〈盡情看我〉，便是由戶田作曲並參與錄音的歌曲。戶田不但爲許多台港歌手打鼓，如陳零九、梁心頤、王若琳等等，也替台灣職棒球團 Lamigo 桃猿（現在的樂天桃猿隊）的音樂活動擔任製作人，同時還兼任故鄉宮代町的智庫委員，並勤於協助台日文化交流。

圖片提供／戶田泰宏

■ 戶田泰宏 TODA Yasuhiro

戶田泰宏從小腳程就很快，國小時總是運動會的明星，國一他同時參加田徑社與足球社兩個社團，能以五．七九秒跑完五十公尺的飛毛腿在地區賽事無人能敵，周遭都期許他有朝一日能成為優秀的運動員。然而，他在國二因腳踝韌帶斷裂住院，人生第一次嚐到挫折。

即便如此，上天賞賜給他的才華有兩項，除了運動天分，戶田繼承了父母對音樂的喜愛。父親喜歡英國的披頭四跟數個致敬披頭四的日本搖滾樂團（總稱為「Group Sounds」），母親愛唱歌。少年戶田本來就很崇拜日本搖滾樂團Boøwy，住院期間他為了打發時間便要求父母買吉他，出院後組了樂團，就這樣沉浸在音樂的世界。升上高中，戶田立刻被熱音社的學長姐選為鼓手，參加「甲子園校園樂團」音樂競賽的埼玉縣地區預賽，一鳴驚人的榮獲最佳鼓手獎。

「大概就是這個經驗讓我有了誤解吧。後來我申請從高中退學，改成去念函授制的高中，立志要當職業鼓手。我突然跑去當時在埼玉市南浦和車站附近的Live house『Potato house』當助理。在現場聽各種樂團的音樂讓我變得更懂音樂，而且我參加很多樂團，多的時候同時有十幾組團，那時候每天泡在音樂裡。」

從那時流行的視覺系、女子團體、藍調、還有搖滾等等，他幫過各種類型的樂團打鼓。那時候戶田深信自己是英國傳奇搖滾樂團齊柏林飛船的鼓手約翰・柏那罕（John Bonham）再世，約翰・柏那罕逝世於戶田出生那年。齊柏林飛船樂團，邊講話邊錄音的音樂專輯「齊柏林飛船II」讓他到今天還差不多可以每天聽的那種喜歡程度。

戶田在故鄉教打鼓，也兼差做音控工作，靠打工勉強維持生計，全心全意投入樂團活動。二十三歲那年，由戶田親自領軍的樂團迎來能正式出道的機會，沒想到卻有團員爆出醜聞而退團，樂團也被迫這麼解散了。這是他人生的第二次挫折。

## 雖挫折不斷，仍保有對音樂的熱情

崩潰憤怒的戶田獨自去旅行，地點是他國中時全家出遊過的台灣。南部氣候宜人，戶田在高雄待了一陣子。當時在高雄文化中心的戶外場地，吉他社團每週一次、晚上九點會來練習，戶田會順著他們的音樂，用鼓棒在板子上敲著節奏。

「可能是看到我在那邊打拍子吧，有一個怪怪的大叔，一點一點慢慢喝著裝在水壺裡的加水威士忌，他來跟我說，明天去他公司一下。」

原來他是「灰姑娘音樂製作有限公司」的老闆吳坤龍，那是二〇〇四年，戶田二十四歲，他在台灣的音樂人生活就這樣突然開始了。

在台灣，運氣站在戶田這邊。他收到委託擔任包括相川七瀨、X Japan 吉他手 PATA 等日本藝人來台公演的統籌工作，有時也會以鼓手身分參與演出。二〇〇六年楊培安演唱的台灣啤酒廣告歌〈我相信〉紅遍大街小巷，隔年同公司的廣告歌交由戶田負責作曲，並參與錄製工作。於是，戶田的作品〈盡情看我〉乘著楊培安的歌聲，流經大街小巷。儘管如此，戶田卻墜落絕望的深淵，因爲邀他一起做音樂經紀事業的朋友，把他製作上述作品的酬勞全部捲款潛逃。這是他人生的第三次挫折。

即便如此，吳老闆還是很照顧戶田，只要去公司辦公室就有便當給他吃，戶田雖然身無分文，但請他去樂團伴奏的通告倒是相當穩定，二〇〇九年高雄世運會開幕典禮的舞台上也看得到戶田的身影。從這年起一直到二〇一三年爲止，戶田暫時把據點轉移到台北，因爲包括從歌唱選秀電視節目「星光大道」嶄露頭角的歌手在內，市場規模更大的台北開始出現源源不絕的表演通告，諸如梁心頤、岑寧兒、何韻詩等等，不光是台灣，來自香港藝人的邀約也是接到手軟，他還寫了〈自由靈魂〉這首歌給梁心頤演唱。

戶田再次乘風而起，在私生活方面，二〇一〇年他和卑南族女性結婚，隔年長子誕生。二〇一三年他再次將活動據點遷回高雄，成立了工作室兼自宅，還談妥擔任知名偶像歌手在中國巡迴演唱會的鼓手。不過此時，戶田的前方再次烏雲密布。這年，釣魚台列島的主權問題在日本與中國之間重新燃起紛爭，就在出發中國巡演的前一天，戶田的工作突然遭到全面取消，只因為戶田是日本人。原本跟戶田要一起參與巡演的吉他手，雖然是土身土長的台灣人，仍因為藝名「日京江羽人」太像日本人也被臨時喊卡。戶田親身體驗到所謂的「China risk」中國式特有風險。這是他人生第四次挫折。

## 回家鄉開設據點，為台日音樂交流奔走

二〇一五年戶田做出不同於以往的重大決定。他在故鄉埼玉縣宮代町開了一間「Café Formosa」，由太太來經營，在營運至步上軌道的頭一年，戶田也多半把時間花在日本的店裡幫忙。

「我會在宮代町開咖啡廳，是想讓兒子在豐沛的自然環境中成長。而且之前合作過的一些台灣藝人覺得，比起在中國要先經過官方審查，他們會想去有創作自由的日本試試看。雖然我的店很小，塞個二十人就客滿了，但是陳零九、王若琳跟江惠儀等藝人，都願意參加完東京的活動，順道過來這裡舉辦迷你演唱會。」

「我也想在故鄉加深台日之間的文化交流。因爲有在國外生活過，所以對故鄉的愛更強烈了吧。」

戶田也擔任「森林演奏會」的製作人，他在宮代町讓孩子們用紙箱製作並演奏「木箱鼓」。宮代町的觀光行銷宣傳影片以「讓人與大自然溫和發光的城鎮」爲主題，採用戶田創作的曲子當主題歌。另外，他也是討論鎮上學校統合與廢校問題的宮代町智庫委員會的委員。

二〇一七年起，台灣職棒球團 Lamigo 桃猿隊（現在的樂天桃猿隊）在棒球場舉辦日式嘉年華「YOKOSO 桃猿」，戶田參與此活動的企劃，請到前 WANDS 的主唱，是演唱 SLAM DUNK《灌籃高手》主題曲〈直到世界的盡頭〉的上杉昇、演唱電視動畫《ONE PIECE 航海王》主題曲〈We are !〉的北谷洋，以及唱《聖鬥士星矢》主題曲〈天馬座的幻想〉的 NoB 蒞臨現場演出，戶田也在演唱會上打鼓參與伴奏。

戶田在台灣、以及家人所居住的宮代町，兩地之間頻繁往返，也爲台日雙邊文化交流努力奔走，筆者詢問他的短期目標、所景仰的人。

「我預定要在二〇一九年的十一月辦一場活動，王若琳跟梁心頤的『兩大台灣女歌手之夜』，向日本媒體介紹『華流演藝圈』是我的使命。景仰的人物是資深鼓手，外山明老師，二十三歲那年樂團即將出道卻被迫解散的時候，他是我的精神導師一直支持著我。外山老師教我擺脫成見、人無論幾歲都可以成長。」

二〇一九年第三十屆金曲獎的盛會上，戶田參與過音樂製作的幾位藝人也獲得提名肯定。戶田向筆者分享，在現場專注聆聽好音樂、再練習到純熟，如此才得到的東西，他稱爲「熱情存款」。儘管一路上顛簸不斷，戶田已經在台灣樂壇清楚的留下自己的足跡，這一定是「熱情存款」所帶來的禮物。筆者感覺到戶田爽朗笑容背後的那份熱情，而「熱情存款」也是戶田送給下一代音樂人的鼓勵。

圖片提供／原田潤

■原田潤 HARADA Jun

# 以媽媽的味道為原點——

【食堂老闆】原田潤

一九七九年出生於名古屋。就讀名城大學時，與來自台灣的留學生也是現在的太太相遇，二○○六年移居台北。從事雜貨貿易之餘，二○一三年在台北赤峰街開設專賣名古屋風味的味噌炸豬排、味噌燉豬肉、炸雞翅、漢堡排的餐廳「名古屋台所」，之後成爲大排長龍的名店。原田的料理除了保有名古屋的甜甜鹹鹹口味以外，也配合台灣人的飲食習慣彈性調整。並銘記著要讓家人也能吃得安心的「飲食教育」。另外原田還是電影與電視劇的演員。爺爺是國小校長原田和雄，二戰後致力於推動普及學校提供營養符合兒童成長所需的營養午餐。

## 與橄欖球分道揚鑣，進入普通大學就讀

原田潤是土生土長的名古屋人，童年時從自己房間的窗戶就能眺望名古屋城的正面。原田雖然不喜歡唸書，但身爲長子的他，很喜歡照顧兩位手足，常常是班上的風雲人物，也當過班長。爺爺原田和雄是書法家、也是擔任過國小校長的嚴厲教育家，但對於長孫仍十分溺愛。在原田國小六年級爺爺就過世了，但受到爺爺的影響，上國中前他的夢想都是成爲老師。

原田的父親在高中及大學期間是橄欖球選手，因此原田一直想追上父親的背影，他高中就讀愛知縣的橄欖球名校，從早到晚都在練習橄欖球中渡過。然而，人外有人天外有天，在原田高二時，碰上愛知縣一支經常稱霸全國錦標賽的超強隊伍，讓他深刻的體會到自己實力的極限，原田認清了自己將無法以橄欖球專長進入大學，從那一瞬間起，他對橄欖球的熱情突然消逝。在那之後原田連學校也不太想去了，後來完全拒絕上學。最後他選擇當重考生，隔年再次參加高中聯考，進入普通高中從高一開始重讀，走一般升學之路。

原田在新的高中享受著自由，他委託一位有橄欖球經驗的體育老師擔任顧問，招集幾位不同班的同學創辦了橄欖球社團，雖然社員人數不足無法參加比賽，但是能再碰橄欖球

對他來說比什麼都開心。高二的下學期原田猛然驚覺。

「我那時候突然想起來，自己爲什麼放棄橄欖球強校而去了普通高中。我想是比起當員工，我更想當老闆的意識越來越強了，在那之後我的目標就是以後要開公司當老闆。」

但是他就讀的高中讀書風氣甚差，幾乎無人升學進入四年制的大學。就算跟班導師表達希望考大學的願望，老師只回了他一句：「你有足夠的決心嗎？」後來老師特別準備一個讀書室給他，與其他同學隔開保持距離，每天都埋頭苦讀。一年半之後，他推薦入學成功進入名城大學。

## 從與留學生的交流到立志創業

原田在大學裡，與跟他同年齡重考過一次的學生，以及外國留學生是好朋友，常待在校園內的國際學生顧問室，他也因爲同學的邀約參加國際扶輪社青年發展組織，並創立了扶輪青年服務社（簡稱扶青社）。當時他曾致力於成爲韓國留學生的橋梁，活絡與韓國的交流。在首爾舉行的交流會是他第一次出國。除了被韓國的主辦單位無微不至的照顧所感動以外，還驚訝於韓國大學生對未來有明確的藍圖及崇高的志向。

「真的是百聞不如一見，我在韓國親身體會到多元的價值觀。也是在那個時候下定決心以後我一定要創業。」

在扶青社的創始會員之中，有一位是台灣女留學生，後來成了原田太太。二〇〇〇年的夏天，原田因著她的介紹初次造訪台灣。雖然台灣很潮濕又炎熱，但是原田覺得很適應台灣的環境。沒聞過的香料氣味、樸實的路邊攤美食、與日語世代老奶奶的交流。原田記住了一種無法用語言表達的鄉愁，覺得有一天想住在這裡，也因此開始頻繁飛往台灣。

想要自己創業的原田，在大學畢業後並沒有直接進入職場。不過很現實的，沒有工作就沒錢吃飯，在苦悶之中的兩年，生活裡只有打工。後來終於在一間專門處理中國貨櫃的物流公司得到全職工作，一邊負責管理倉庫、一邊學習國際貿易的基礎知識。兩年後更轉換跑道在汽車業，擔任物流管理。

## 在台北開了「名古屋台所」

在原田二十七歲的某天，就像往常一樣，他打國際電話給從大學就一直交往的台灣女友，這已是遠距離戀愛的每日常規。閒談之中聊起兩人的未來，原田說出後才意識到自己說了「我去台灣就好了」這句話。大學畢業已經五年了，他在那通電話的隔天向公司提了辭呈，兩個月後帶著三隻愛犬飄洋過海來到台灣。

原田在台灣的第一份工作是在專爲日商員工進修的語言學校當業務。隔年結婚後，原田在二〇〇八年成立了一間貿易公司，銷售日本製造的雜貨。他想當老闆的願望終於在台灣實現了。公司主要顧客來自原田任職語言學校認識的駐台日本人之人脈。另一方面，當他看著駐台日本人幾年後都返回日本，原田反而決心要留在台灣，甚至將來要把他的骨頭埋葬於此。

「公司剛開的那幾年日子很苦，光是要賺到孩子的奶粉錢就已經很拼了。可是我太太說『我們快樂的過每一天吧』這句話一直支持著我。」

原田在台灣生活幾年後，經常聽到喜歡旅遊的台灣人提起他們前往東京、京都、大阪、神戶、北海道，即使是沖繩也常被提到，但是自己出生的故鄉名古屋卻很少被提及。想讓台灣人更了解名古屋的這個念頭湧上原田的心頭。另外，他也很在意食安問題。原田反覆的問自己：「每天都可以讓最重要的人吃的料理是什麼？」他的結論是要自己動手做，重現他吃過的「媽媽的味道」。於是在二〇一三年，原田秉持這個理念在台北的赤峰街開設以提供名古屋菜餚爲主的小館「名古屋台所」。

「那時候的菜單以四種爲主：名古屋特產的味噌炸豬排、味噌燉牛筋豬腸、炸雞翅、還有我媽媽的招牌菜漢堡排。但是剛開店的時候，有被台灣客人抱怨口味太重。」

抱著也許營業撐不了一個月的覺悟，卻時來運轉遇到了轉機。開店兩週後，陸續有針對日本人、針對台灣人報導美食的人氣部落客造訪，都打包票給予「正宗名古屋口味」的佳評。之後不到一週的時間，顧客開始蜂擁而至，甚至排起了隊伍。最後，持續有電視節目、新聞及雜誌來採訪、藝人來用餐，迅速變成了人氣排隊名店。二〇一八年日本富士電視台的節目《世界村裡的一級偉人》中的「現在厲害的日本人! In 台北」單元內，原田的名字排在第四名，使他的人氣餐廳更加屹立不搖。（第一名是藝人夢多）

## 為了使「飲食教育」在台灣扎根而立志創立「兒童食堂」

原田在堅守名古屋口味的同時，還爲孕婦和兒童提供無調味的炒蛋等特別服務能看出他對婦孺的關懷。另外，他對台灣人的飲食習慣也很眞誠的回應。台灣有一部分的人，因爲早期務農把牛視爲家人或算命師的建議而不吃牛肉，另外也有不吃內臟的人，所以最初在菜單裡的牛肉料理最後全部取消，改成不加牛筋豬腸的味噌燉豬五花，還開發了百分之百豬絞肉製成的漢堡排。名古屋與台灣的飲食文化在「名古屋台所」巧妙的融合了。

原田雖謙虛的說「一開始我連菜刀該怎麼拿都不知道」，但其實他從國小五年級就已經站在廚房了。他成長於一年只吃一次外食的家庭，並從擔任營養師的媽媽身上學到對飲食的講究。原田的大學畢業論文是以兒童心理學爲主題，他在與育幼院的孩子們互動之後，因此開始對兒童的食安產生興趣。

「我現在的夢想是在台灣開一間『兒童食堂』。小孩是大人最該保護的財產。我想讓『飲食教育』在台灣扎根。」

二〇一九年原田返回故鄉名古屋探親時，第一次得知自己尊敬的爺爺以前因爲「二戰後推動普及學校提供營養符合兒童成長所需的營養午餐」的功勞而獲得勳章。爺爺原來是他對飲食的想法之起點，在那瞬間原田已確定，兒童的飲食教育是自己的使命。爲了籌備創辦兒童食堂的資金和基本設備，二〇二〇年底在桃園縣的購物中心開設了名古屋台所的姊妹店。雖然這兩年受到疫情的影響，經營餐飲業會遇到不少坎坷，但是原田希望能在台灣推廣飲食教育的理念，也期待支持兒童食堂的人能夠越來越多。

最後筆者詢問原田的座右銘，他說是貼在太太娘家柱子上的一句日文「凡事耐心」。

聽原田太太說，那是受過日語教育的奶奶親筆所寫。隨著時光流逝，那張紙早已褪色。背負著故鄉名古屋之名，生活在台灣的原田的心中，這句話將永遠閃耀。

「我現在的夢想是在台灣開一間『兒童食堂』。小孩是大人最該保護的財產。我想讓『飲食教育』在台灣扎根。」

圖片提供／粟田經弘

■ 粟田經弘 AWATA Nobuhiro

# 多才多藝全拜多方學習所賜——

## 【影像製作人】Nobu（粟田經弘）

一九八二出生於東京都，現職爲影像製作人。十九歲赴美攻讀聲學工程，畢業後在美國從事錄音、各種聚會活動的製作等工作，二〇〇六年移居台灣，在淡江大學一邊學中文，同時也開始從事影像製作工作，二〇〇七年在台灣科技大學就讀資訊工程。曾參與台灣電影《賽德克．巴萊》、《KANO》等拍攝工作。二〇一二年創立百思極有限公司，二〇一四年製作了以北海道爲故事背景的台日合作微電影《My little guidebook》，更於二〇一六年推出續集。他跨足了企業管理顧問、程式研發、活動策劃與書籍出版等領域，是多方位的創作者。

## 從小即對感興趣的事物充滿熱情

粟田經弘（暱稱Nobu）其實從國小開始就隱隱展露出這份特質，不論是足球、籃球、冰球、騎馬，舉凡感興趣的東西，Nobu都會去接觸看看。縱使有些三分鐘熱度，然而只要是喜歡的事物，他就會徹底沉醉其中。因爲他對騎馬的熱情一發不可收拾，從國一到國二他甚至說服了父母讓他待在福島縣的牧場當作是「牧場留學」。於是他就一邊照顧馬匹，每天騎腳踏車單趟十公里去上學。

升高中後他雖然在速食店打工、同時又加入了體操社，但馬上因爲腰部受傷無法從事激烈運動，之後他開始把精力投注到各種打工，例如：動物公園、加油站、義大利餐廳外送員、家教等等。他這麼積極打工也跟當時的家庭環境有關，高一開始獨自生活，必須賺錢養活自己。另一方面，對高中課程提不起興趣的Nobu，會蹺課跑到附近的國立大學、有時甚至專程到遠一點的私立大學偷偷旁聽大學課程，以此爲樂，是相當早熟的少年。

## 為了成為錄音師，前往紐約

然而，高中畢業後 Nobu 卻沒有上大學，他選擇去家教學生的父親所開的建設公司繪製設計圖、也會到工地現場幫忙。

Nobu 讀高中的時候組了一個樂團，是專門翻唱日本流行音樂跟西洋音樂，無論鍵盤、吉他、貝斯，Nobu 什麼樂器都能彈。建築工地裡沒有音樂使他一直感覺缺少了什麼。既然總要學一技之長，Nobu 想當能接觸音樂的錄音工程師。這樣的想法與日俱增，這時剛好遇見一位朋友他曾是 SONY 的錄音工程師，和他商量後得到的建議是，美國比日本的音樂環境更佳，能學到更好的技術。Nobu 一旦做了決定就會立刻行動，他爲了事前勘查先飛去紐約停留十天。然而沒想到，他抵達紐約那天正是二〇〇一年九月十一日。

「我才到紐約幾個小時，就同時爆發了好多起恐怖攻擊。紐約市裡，恐慌的人跟冷靜的人混在一起，我覺得自己好像是在電影拍攝現場迷路了。」

Nobu 出乎意料的沒有感到恐懼，反而是離開了日本，身處地球的另一端，他想接受新挑戰的念頭更強烈，也想體驗這股時代在轉變的氛圍。勘查完 Nobu 先飛回日本，並在那年的聖誕夜再次回到紐約。他只在語言學校上了三個月，便進入聲學工程職業學校就讀，教科書上洋洋灑灑盡是不認得的單字。雖是艱辛苦讀，但幾個月後他已能跟上課程進度。

Nobu在Studio b.p.m擔任工程師，同時他也善用以前在工地的經驗，兼差當水電工、舞台劇美術道具組等工作維持生計。Nobu曾經擔任藝術家村上隆在紐約工作室kaikai kiki的助理、Jackie McLean爵士樂團鋼琴手的錄音室翻新裝潢工程、十萬人戶外音樂會的音效技師等等，一如既往Nobu感興趣的任何事情都會去做。

「看起來有趣的話，我就會做做看。做了如果覺得不適合自己、沒什麼可學的，就不用繼續。這樣增加自己的各種經驗，我覺得很重要。因爲你有多少Input的量，最後跟你可以Output的量是成正比的。」

最後，到二〇〇四年底爲止，Nobu總共在紐約住了三年。本來打算先回日本一趟，存夠錢然後再去美國唸大學，然而美國大學的學費大幅漲價，形勢不妙。錄音產業也從類比訊號轉爲數位化，音樂人在家裡錄音已是大勢所趨。相反的，錄音工程師的需求跟著持續衰退。時代走到了分歧點。

## 將據點移至台灣，在影像業界開創出一片天

Nobu在紐約時認識了一位台灣朋友，二〇〇五年底應那位朋友的邀請第一次來到台灣。台北的都市機能與悠閒的氛圍讓他覺得很舒適，經濟的考量上如果返美困難，那麼在台灣迎接下個挑戰如何呢？數位化的潮流不斷襲來，最近音樂人擁有的設備甚至比身為錄音工程師的自己更好，錄音產業是否已無未來呢？科技創新讓可以儲存大量資料的HD取代了以前的SD，今後影像時代必將到來。Nobu這樣思索後，決定進軍台灣的影視產業。

「錄音工作是一直窩在同個地方，影像工作是可以讓我飛到世界各地。我總是在尋找新的刺激，所以反而影像可能更適合我。」

二〇〇六年一月Nobu移居台北，在淡江大學一邊學中文，同時也開始在台灣朋友介紹的影像製作公司上班，就這樣留在台灣了。接著二〇〇七年，他開始到台灣科技大學唸資訊工程，因爲他想自己做影像或音樂的外掛程式。Nobu的才華又多了一項。

同年他參加了「Global Lives Project」，這是「人類紀錄片的數位典藏」計畫。先從世界各地挑選出十個人，藉由二十四小時連續跟拍紀錄他們的一日生活，來呈現全球人類

生活的多樣化。Nobu 身兼製作人、導演拍攝了四部作品，在紐約電影節以及聯合國大學放映。在這的前一年，Nobu 身爲製作總監參與五月天音樂錄影帶的拍攝，攝影地點在約旦與突尼西亞。學英文、中文這兩種語言，一下子打開了他的世界。Nobu 因爲拍攝而親眼目睹了貧富差距與當地人的純眞，透過鏡頭能把非日常的景象傳遞給觀衆，轉化爲他們日常的觀賞，他覺得這種趣味就是影像的魅力。

二〇〇八年電視綜藝節目青木由香主持的《台灣一人觀光局》、二〇〇九年電影《賽德克・巴萊》、二〇一二年電影《KANO》、二〇一九年翻拍日本原創的連續劇《愛情白皮書》、《深夜食堂：東京故事》第二季、安室奈美惠告別歌壇紀錄片《安室奈美惠最後的告白》等等，Nobu 忙碌奔波的身影總會出現在台日合作的影像拍攝現場。

Nobu 把至今所培養的外語能力、音樂技術、美術道具、水電裝潢、資訊工程等各種知識與技術善加活用，在影像的拍攝現場累積實際成果。二〇一四年他做足準備，製作了一部台日合作微電影《My little guidebook》以北海道十勝平原爲故事背景。導演逢坂芳郎，是 Nobu 從前在紐約認識，又於二〇〇五年在東京的廣告拍攝現場重逢，二〇一六年再次與逢坂導演搭擋，拍攝續集《My little guidebook-ICE》。

「拍什麼？要怎麼拍？如何調整拍攝時間跟控制成本才可以符合預算？如何充分溝

通、沒有衝突的順利進行？該怎麼讓這些呈現視覺化的表達？我覺得製作人、企業管理顧問、設計師，只是稱呼不一樣而已，其實本質上都是在尋找供給與需求的平衡點。」

Nobu 說，人與人的互動有產生化學反應、良性循環，才創造出優秀的作品。他明確表達自己的短期目標是「製作跨國的、國際級的電影」。他往返於美國、日本之間，準備工作已在進行中。幾年以後 Nobu 會帶著什麼樣的作品，出現在我們眼前呢？從現在便讓人萬分期待。

■ 熊谷新之助 KUMAGAI Shinnosuke

# 敲出撼動人心的鼓聲——

## 【和太鼓老師兼鼓手】熊谷新之助

一九八三年生於福岡縣。在美國奧克拉荷馬州立大學留學時，與和太鼓邂逅而開始表演。二〇〇八年回國後，在東京經歷了一段打工人生（飛特族），二〇一〇年任職於「太鼓中心股份有限公司」經營的「TAIKO-LAB 青山教室」擔任總務人員。二〇一二年被外派到台北分公司，二〇一三年轉任和太鼓老師。二〇一四年日本總公司決定退出台灣市場，因此熊谷離職並在台北創辦和太鼓教室「和太鼓熊組」。現在除了教授和太鼓，同時身兼和太鼓鼓手，在台灣各地演出。

## 國中時期因意外受重傷

熊谷新之助生於北九州市的八幡，是家中三兄弟排行老么。母親是鋼琴老師，他喜歡母親彈的琴聲，幼時經常窩在鋼琴底下睡午覺。與兩位哥哥不同，母親並非他的音樂啟蒙老師，沒有親自教導他鋼琴，但他在幼稚園參加過小鼓笛子樂隊；在國小的才藝表演會，負責打擊樂器；在國中的文化藝術節，擔任樂團的鼓手。從少年時期他就和打擊樂器的緣分很深。

新之助的運動神經也非常發達，嚴格的父親總是要求他們三兄弟每天早晨一起接受體能訓練。加上有位比他年長許多的表哥，大潮憲司，是前相撲力士的「小結」（相撲的階級名稱之一）。也許因爲先天已繼承這樣的優良基因，又有後天充分的鍛鍊，新之助在國小六年級時身高已經有一百七十二公分。利用這項優勢，每次地方上的神社舉辦相撲大賽或是國小的籃球社，他都是明星選手。上國中之後，新之助加入二哥也是社員的軟式網球社。

然而，在國中二年級時，新之助因爲和同學之間的惡作劇，導致右手腕的血管和手指的三條神經被玻璃切斷，傷勢嚴重。本來右手的握力有四十公斤也一下子降到九公斤，手指現在仍留有後遺症。即使如此，不服輸的他不斷練習改用左手拿筷子、提筆和球拍。

「我小時候很調皮，是一個經常受傷的小孩，我媽應該也習慣了吧。就算我手腕受傷的時候，她也只說了一句『你這個笨蛋』。不過，因爲我媽很樂觀，這讓我的心情跟著一下子就好起來了！」

## 在美國留學時，與和太鼓邂逅

高中的時候，新之助又參加籃球社了，雖然當時每天都熱衷於社團活動，但在他退出籃球社的高中三年級暑假迎來了轉機。新之助參加國外留學代辦公司舉辦的說明會，突然對美國留學產生了興趣。

「我很喜歡吉卜力動畫，受到它的影響，對環境學感興趣。我覺得美國在這方面比日本更先進，所以決定去美國留學。雖然我英文不好，但是去了總是會有辦法的，當下並沒有想太多。」

新之助在二〇〇二年六月隻身前往美國。在語言學校待了一年，努力學習英文之後，次年，二〇〇三年進入奧克拉荷馬州立大學就讀，專攻水資源學。他在奧克拉荷馬度過悠間的時光，遇到的每個人也都很和善，尤其是同爲日本留學生且大他八歲的空手道高手，就像兄長一樣支持著他。透過這段赴美留學經驗，也讓他學到寬容與多元價值觀的珍貴。

二〇〇六年，新之助在美國的生活轉眼已邁入第五年。當地即將舉辦「奧克拉荷馬・日本人會」，主辦單位安排馬來西亞留學生表演流傳到馬來西亞華人地區的「二十四節令鼓」。某天馬來西亞留學生邀約新之助一起演出，就此牽起新之助與太鼓的緣分。

隔年開始，他和這時認識的夥伴們一同參與和太鼓的表演，也投入作曲。由此開啟了與美國其他州的和太鼓團體相互交流，人脈也一下子拓展開來。

但是，二〇〇八年六月新之助從大學退學，也離開了太鼓，回到日本開始在東京生活，對未來一直沒有明確的目標，靠著承接活動的後台工作及在居酒屋打工維生，這樣的日子過了兩年。新之助覺得這樣下去實在不是辦法，萬般煩惱之下，腦筋閃過了一個念頭。

「在那之前，我一直很煩惱『自己到底想做什麼？』但在那個時候我突然轉念，改成問自己：『我到底能做些什麼？』一瞬間，腦袋裡冒出來的是『太鼓』。」

如果以太鼓爲職業，一定能持續。這個念頭激勵了新之助，立即上網以關鍵字「太鼓」和「工作」搜尋之後，跳出了總公司位於京都，在全國開設連鎖的太鼓教室「太鼓中心」很熱門。他馬上打電話聯絡，得到面試的機會了。

就這樣他被錄取了，先在同公司經營的「TAIKO-LAB」青山教室成爲計時人員，這已是二〇一〇年的事。新之助的主要工作內容，是接待太鼓教室的會員與來參加體驗課程的顧客，並且追蹤客人的反饋以及整理文件資料等，在下班或休息的時間，可以參加初級班的免費課程，也可以在空教室自由練習。

## 在台灣作為和太鼓演奏者．指導者獨立開業

一年後，新之助成爲正職人員，但被要求肩負會計工作，且不在講師培訓課程的名單內。他的內心五味雜陳，但是能夠繼續與和太鼓有所連結，至少是一種心靈上的慰藉。這一年，太鼓中心在台灣設立了台北分公司開始試營運。

然而，隔年二〇一二年二月，台北的外派人員突然決定離職，公司先在內部招募繼任者。新之助想要在新的土地上增廣見聞，他有在美國留學的經驗，而且本來就不排斥到國外生活，當他一提出申請，公司很快就確定指派新之助到台北繼任。他向當時交往的女友求婚，並約定好夏天會接她到台北一起生活，便如期在四月飛往台灣。

到任時，台灣的業務發展方向未定。台灣的語言、生活習慣、文化方面的知識，新之助都是在工作中努力學習。儘管過程一波三折，最後與新竹的企業簽訂了加盟契約。

並在台北市的蛋黃區，向瑜珈教室承租了地下室，開設和太鼓教室，從日本派來資深講師負責授課。隔年二〇一三年這位講師的任期屆滿回國之後，新之助也開始兼任講師。

二〇一四年夏天，新之助爲了參加公司的集訓營而短暫回到日本，沒想到等待他的卻是關閉台北分公司以及他被調到京都總公司的人事異動通知，眞是晴天霹靂的消息。但是，新之助決定留在台灣繼續擔任教導太鼓的講師。

「我的腦中浮現學生們的臉，如果公司就這樣退出台灣市場，我覺得很對不起學生。還有，雖然在台灣有一大批人在接觸太鼓表演，但是有很多都缺乏技巧，這樣就放棄的話，也太可惜了。」

過去，在台灣對太鼓有根深蒂固的刻板印象，如「太鼓是小孩子在玩的」、「廟方爲了幫助更生人回到社會而做的事」等。新之助也希望打破這個狀況，因此他離開公司，獨立出來創辦「和太鼓熊組」，很幸運的是幾乎全部學生都留了下來。

二〇一五年教室搬到新北市板橋區。他與台灣的表演者攜手組成太鼓演出團體「奏流 Taiwan」，受邀赴活動表演的機會也逐漸增加。

「我是一直被教導『太鼓不是用敲的，是讓它發出鳴響』。台灣太鼓的主流是『展現肢體動作』，強調速度感和技巧。相反地，和太鼓是強調『力道』的表現，以及把重點放在『全神灌注』的精神狀態。不刻意使力的擺動鼓棒，撼動人心的鼓聲才會眞正出現。」

## 新目標是創辦日本傳統樂器的綜合音樂教室及整合性平台

新之助在台灣的生活也邁入第十年，他被派駐台北的那年夏天，按照當初的約定結婚了，如今與太太育有三子，皆在台灣出生。台灣有高度自由及充滿多元性，今後也將與家人繼續在台灣生活。不過，他有一件擔心的事情。

「在台灣，不只是太鼓，我經常看到的是被動和等待指示的學習態度。其實一首歌，只要把太鼓練習到會自己打了，就會有成就感。要怎麼做可以讓太鼓的演出更有魅力？我希望學生去探索超越自己的世界。」

新之助最近也開始著力於吹奏篠笛的表演。在台灣，和太鼓或是三味線等等的日本傳統樂器，通常是各自獨立的音樂教室有提供教學課程。所以他的下個目標是創辦日本樂器的綜合音樂教室，並在台灣建立「邦樂（日本傳統音樂）整合性平台」。

最後，當新之助被問到最尊敬的和太鼓表演者，他立刻回答是活躍於太鼓團體「音阿彌」，也曾受邀來台演出的三人：古立Kenji、西片翠敬、江上瑠羽。

「我從古立老師那裡學到的是，在有技術背景的舞台上富有美感的動作；從西片老師那裡學到樂曲的獨創性，可以在現代表演中展現出『和式』的柔軟；從江上老師那裡則是學到力道和華麗兩者兼備的表現能力。古立老師也曾教訓我：台灣的環境不夠嚴格。所以讓我絲毫不敢鬆懈。」

以「時時求上進」爲信念的熊谷新之助，五年後、十年後，他與這些老師們的背影，距離能拉得多接近呢？筆者的期待又新增了一個。

泰流
Taiwan
圖片提供／熊谷新之助

■ 蔭山征彥 KAGEYAMA Yukihiko

# 擁有他人無法奪走的「財產」——

## 【演員、編劇、導演】蔭山征彥

出生於東京都。高中時，參與舞台劇《同窗之愛，他鄉異國》（Another Country）的演出。就讀亞細亞大學學到中文。一九九九年台灣九二一大地震之後，擔任救災義工兼口譯人員，初次踏上台灣土地。二〇〇三年以電視劇《寒夜續曲》在台灣出道；二〇〇八年電影《海角七號》擔任旁白；二〇一二年電影《手機裡的眼淚》首次挑大樑擔任主角；二〇一四年電影《KANO》擔任表演指導；二〇一五年電影《念念》擔任編劇，並榮獲第二十二屆香港電影評論學會大獎「最佳編劇」，多元的活躍於台灣電影界。二〇一九年在客家劇場《日據時代的十種生存法則》飾演日本警察本田秀夫，入圍第五十四屆金鐘獎戲劇節目「最佳男配角」。二〇二〇年以導演的身分執導首支廣告。因爲高中時頂著一頭雷鬼髒辮髮型，跟當時的日本創作型歌手奧田民生（OKUDA Tamio，1965年～）一樣，從此他的綽號就是「Tamio」。

## 全心投入戲劇表演的青春

蔭山在東京郊外出生、長大，童年曾經是熱衷足球的少年。在原野山林間捉獨角仙，在小溪釣淡水龍蝦，是個典型的在自然裡長大的小孩。但是到了國中，開始變得叛逆，高中經常蹺課，流連於電影院和娛樂場所，也反覆的跟別校學生起衝突。

「我當時找不到自己存在的意義。這跟我爸媽都要上班，沒時間管我，教養上採放任主義也有關係，我需要可以專注投入的目標。」

一年後，蔭山進入一所高中夜間部重讀高一，白天開始在貨運公司工作，擔任隨車助手。十八歲考取駕照後轉為貨車司機，有時也開到鄰近的栃木縣和群馬縣。

這個時候他非常渴望有個事情能夠讓自己傾注全部的熱情。有一天，報紙廣告欄上刊登的「招募劇團實習生」，吸引了蔭山的目光。他立刻去敲劇團的門，週末就全心投入表演練習。兩年後，蔭山為了更加磨練自己，他加入了演藝經紀公司。經紀公司老闆曾任職於日本最知名獨立劇團「四季劇團」的導演組（控制演出流程的部門），是嚴格到讓蔭山去辦公室會躊躇的老闆。隨著蔭山持續在電影和電視劇擔任配角，他第一次演出重要角色的機會來得意外的早。

一九九四年，蔭山參加了改編自英國電影《同窗之愛，他鄉異國》（Another Country, 1984）商業舞台劇的演員試鏡徵選，被選爲第二男主角。而男主角是日本劇場界王子，大澤健（OSAWA Ken, 1974 年～），還有黑田亞瑟（KURODA Arthur, 1961 年～）的兩大招牌。

「舞台劇在排練的時候，因爲要求極度嚴苛，我實在太痛苦還曾經哭過。但是，這也是第一次正面迎接戲劇的挑戰。當時深刻感受到觀衆是付了錢來看戲，我有很大的責任必須把戲演好。」

在舞台劇與大澤健的相識，促成下一個轉捩點的到來。大澤當時就讀亞細亞大學，他建議蔭山以「一藝入試」（只考一種技藝的術科入學考試方式）報考他的學校。在面試會場，別的考生都是穿著制服，只有蔭山穿著格紋套頭上衣、破牛仔褲，即使如此，他還是考取了該大學的國際關係學院。

## 自己的財產是「中文」

大二的上學期，蔭山去美國西雅圖當交換學生。他以前對美國帶著隱約的憧憬，眞正住在美國後果然很舒適愉快。與齊頭式平等主義傾向強烈的東亞社會不同，在被稱爲種族大熔爐的美國，蔭山覺得可以做眞實的自己。

從美國回來後，亞細亞大學第二外語的課程蔭山選修了中文，因爲那時想的很簡單，若是中文的閱讀與書寫，應該不至於太難，沒想到是一場命運的邂逅。進步之神速，連他自己也嚇一跳，所以就更是全神貫注在讀中文。只要是和中文有關的選修科目，蔭山一律參加，窩在圖書館直到晚上，甚至把中文能力檢定的考古題全都背得滾瓜爛熟。儘管如此，他並不因此而滿足，還到慶應大學夜間部的在職專班聽課。有進步就會感到有趣，有趣就讓人更想要努力學習，他完全處於正向循環的軌道上。此外，那時候遇到的中國籍老師講的一席話，大大改變了蔭山之後的人生。

「那位老師告訴我：『一定要擁有別人拿不走的財產。』不是金錢，也不是名牌，而是頭腦裡的知識，就算是用現代科學也無法奪走。對我而言，那個『財產』就是中文能力。」

打從心底覺得讀書是很快樂的，帶來自信的這個「財產」往後對蔭山的人生之路產生了莫大助力。

## 台灣九二一大地震的救災義工

一九九八年，大學即將畢業的蔭山在大四下學期休學一年，到北京的中央戲劇學院留學。雖然留學生很少，卻有一位日本人中文出奇的好，深感「人外有人，天外有天」，於是蔭山快馬加鞭，更加精進學習中文。

蔭山和台灣的緣分在隔年以意外的形式到來。一九九九年台灣發生九二一大地震，他以中文口譯人員兼救災義工的身分被派到台灣，地震發生的一個禮拜後，蔭山來到南投縣災區現場，每次看到倒塌全毀的平房、半毀的公寓，蔭山就感到痛心難過。另一方面，看到幫忙重建家園的軍人熱忱投入、台灣民眾非常溫暖的迎接蔭山及其他救災義工，讓他深受感動。

「我第一次來到台灣，很驚訝竟然有這麼親日的地方。所以決定，我畢業後一定要再來台灣。」

如同蔭山的決定，二〇〇〇年春天從亞細亞大學畢業，他立刻打工了半年存錢，才再度踏上台灣的土地，前往政治大學華語教學中心留學。接著蔭山再花了半年，把以前學到的北京「普通話」從發音、文法、用字遣詞都徹底改成稱為「國語」的台灣華語。

蔭山在幾年前離開了演藝經紀公司，本來已不打算回到戲劇的世界。然而，受到當時就讀台灣藝術大學的學生，之後成為電影導演的北村豐晴之邀，希望蔭山能夠在北村自己執導的學生電影飾演日本人。於是之後，蔭山收到其他學生導演的各種演出邀約。

## 活躍於台灣電影界的理由

二〇〇三年，鄭文堂導演執導的電視劇《寒夜續曲》蔭山獲選飾演日本精銳軍人，以演員身分在台灣出道。後來又在鄭文堂導演的電影《經過》擔任第二男主角飾演車型設計師，這部作品在二〇〇四年的第十七屆東京國際影展入圍競賽單元。二〇〇八年魏德聖導演造成大轟動的電影《海角七號》蔭山擔任旁白，二〇一三年馬志翔導演的電影《KANO》蔭山不只在幕前飾演一角，同時也在幕後擔任表演指導，為年輕演員訓練演技與日語口條。

《KANO》開拍前為期兩個月的前製階段（劇本底定、選角和勘景等，拍攝前的前置作業統稱），包括耗時五個月的拍攝期間，以及後製階段（影片剪輯、配樂等，拍攝後的後置作業統稱）爲止，蔭山那段日子完全沉浸在電影裡。

「我在導演旁邊透過螢幕，有機會看到好幾百位演員的演技。我從跟演員不一樣的立場學到很多東西，讓我成長了很多。」

二〇一四年蔭山迎來新的轉捩點。有位電影製作公司的製作人，讀了蔭山寫的劇本相當感動，向香港導演張艾嘉推薦，這部作品被拍成了電影於二〇一五年上映，就是演員張孝全也參與演出的《念念》。這部電影在那年榮獲第二十二屆香港電影評論學會大獎「最佳編劇」。於是，編劇身分的蔭山征彥就此誕生了。

蔭山作爲演員，除了首次擔任主角的電影《手機裡的眼淚》（導演張世豪，二〇一二年）以外，他也在電影《親愛的卵男日記》（導演謝光誠，二〇一八年）跨入新境界。蔭山以前大多飾演憂愁的角色，但在這部電影裡是飾演開朗活潑的男同性戀。在角色的詮釋上，盡量不要陷入刻板印象，注重具備男性與女性的雙面特質，挖掘出潛藏在自己內心裡少女的一面。

蔭山在台灣電影的幕前、幕後穿梭自如，不斷開拓新版圖。但是，他爲何如此堅持在電影領域發展呢？

「因爲電影有可能被全世界的人看到，也很有藝術感，不只是談道理，我覺得還包含了留白的美學。」

二〇二〇年，蔭山也以導演的身分拍攝了首支廣告。他深刻感受到作品的好壞與否，導演必須一肩扛起全部的責任，即使如此，蔭山仍然期望有一天能夠拍部自編自導的長篇電影。蔭山要把自己逼到什麼地步呢？他說人生終究是一場和自己的比賽。

能夠持續支撐著蔭山在台灣電影界活躍的武器之一，無疑就是完全不輸給母語者的語言能力。但是對現在的蔭山而言，他的「財產」不只是語言能力，還有近二十年來以演員、編劇和導演的多重身分，在台灣電影界累積下來的實績、見識、經驗、人脈，也是任誰也拿不走的「財產」。相信不久的將來，我們應該就會看到蔭山手執導演筒，站在長篇電影的拍攝現場了。

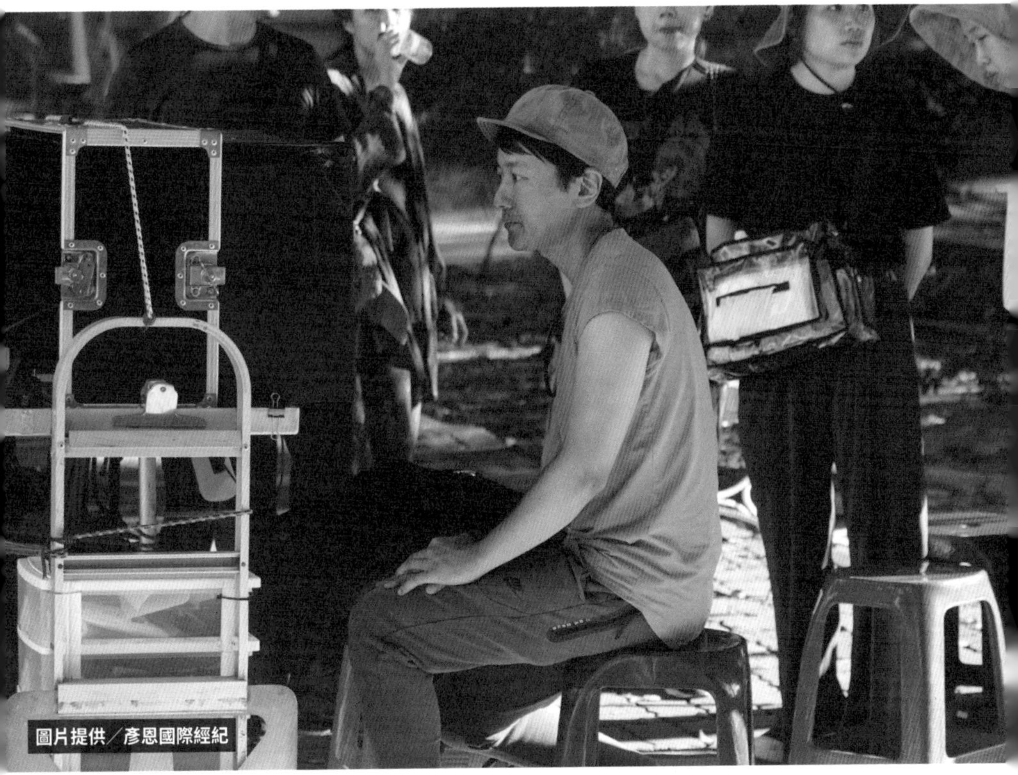


**導演、編劇作品— 國泰人壽 2020 教師節影片「人生向前 有您領跑」拍攝花絮**

■ Iku 老師（佐藤生）SATŌ Iku

# 成長是加法的累積——

## 【YouTuber日文教師】Iku老師（佐藤生）

一九八六年出生於東京都。大學三年級時，自助旅行到台灣環島，深深被台灣吸引。大學畢業後到台灣留學，在師範大學學中文，然後定居在台灣。擔任過補習班的日語老師、日語教育雜誌編輯。二〇一七年開始拍攝YouTube影片，以台灣、香港、馬來西亞等華人地區爲主要觀衆，影片內容包括：日語教學、台日文化差異、日本旅遊資訊等主題。二〇一八年被選爲「台灣人氣最旺的外籍YouTuber」，收到來自台日企業、中央行政機關、地方政府等的合作邀約。著有《管他的，走你自己的路》（二〇二一年，平裝本出版有限公司）以及衆多日語教學書籍（希伯崙股份有限公司），插圖也親自手繪。二〇二一年八月底，因日本的家人生病需要照顧而緊急帶著太太、女兒搬回日本，若將來情況許可仍會回台灣。

## 學習模式開啟，專注並投入自己喜愛之事

佐藤生從國小高年級開始到國中的少年時期，始終找不到在學校上課的意義，變成所謂拒絕上學的孩子。即使如此，他的母親總是溫暖的在一旁守護著，從不強迫他上學。國小時他總是去電影院、美術館、博物館、動物園而母親每次都陪他一起去。到了國中，他則會到學校附近的山上或河川，在大自然中嬉戲。

國中三年級的某天，佐藤不想聽課，所以在教室的角落看漫畫。當他突然回過神，聽到課堂上老師正在講法國大革命的歷史。他豎耳傾聽，感覺法國大革命發生的過程，就像打電動或看連續劇似的栩栩如生，第一次感覺到上課原來那麼有趣。他向老師提問，積極參與課程。學習模式的開關，在那一瞬間啟動了。

學習模式啟動之前，佐藤幾乎不進教室，卻對社團活動一直很熱衷，同時參加了傳統技藝社、民族舞蹈社、中國舞蹈社，比任何一位社員都還要認真地練習太鼓或舞蹈，讓大家刮目相看。

「日本的傳統表演藝術是大家圍成一圈在跳舞，或大家圍著一個太鼓輪流敲打；但中國舞蹈是主角在中間。想站到舞台的正中央，唯有比別人加倍努力。我的表現受到社團

老師和其他社員的一致肯定，直到畢業爲止，我不曾把中央位置拱手讓人。這是我第一次的成功經驗。在某個領域裡，自己可以爲了一件事花多少時間？付出多少努力？最終，成長是加法的累積。」

也許在唸書方面落後了也沒關係，只需把自己喜歡的事情做到最好即可，專注在能贏的領域上取得優勝，這就是佐藤生存之道的起點。

## 首次的台灣之旅意外走上了不同的路

上了大學的佐藤，目標是成爲老師，正因爲自己曾拒絕上學，所以他一直意識到「要怎麼教才能讓學生覺得上課很有趣？」的這個問題。大學時一反常態，他認眞上課，投入大量心力想要考取高中歷史科和公民科、國中社會科的教師資格。另一方面，爲了賺取學費與生活費，因此當過售貨員、居酒屋店員、傳單派發人員、英雄劇場穿布偶裝的演員、到府清潔人員等，他把所有的時間都用在打工賺錢。但是大學三年級的秋天，長期透支身體，因爲嚴重過勞而昏倒。

「我眞的是累壞了，而且畢業爲止的學費也已經賺到了，正打算寒假要輕鬆一下，來個出國旅行之類的，剛好就在電車上看到懸掛式廣告，宣傳『台灣．韓國．夏威夷』的跟團旅遊。這三個裡面，台灣是我想不出什麼具體形象的土地。既然如此，我決定去台灣。」

這時候，佐藤特意不做任何功課，也不帶旅遊書，興奮又滿懷期待未知的旅程，就這樣前往台灣。果然所到之處都受到素昧平生的台灣人親切對待，第一趟旅行就在台灣環島了。在一位台灣女生的建議下，台灣最南端的度假勝地「鵝鑾鼻燈塔」他也去了。回到日本後，佐藤寄感謝卡給這趟旅行遇到的每一個人，建議他去鵝鑾鼻的那位女生很快就回信了。這次換她來日本旅行，佐藤負責幫她介紹。而這位女生，也就是現在的佐藤太太。

緊接著，在大學四年級時，佐藤面臨了人生的重大抉擇。他已經應徵上工作，隔年春天畢業可直接進入某大型製造商就業。而他之前做過一份打工是當售貨員，業績極好的佐藤是該公司的超級業務員，因此公司早就在眾人之中選擇升他爲正職員工。另一方面，佐藤與台灣女友也剛剛開始交往了。以及原先設立的目標：社會科教師的教育專業課程學分也已順利取得。四種不同方向讓他陷入長考難以抉擇。

「最後我選擇在台灣當日文老師的這條路。不管是在日本當社會科老師，還是在台灣當日文老師，我覺得在當老師這件事的本質上是沒有改變的。接著，我參加日語教師培養講座，半年就修完四百八十小時的課程，取得日文老師的資格。」

二〇〇九年佐藤從日本的大學畢業，立刻打工了幾個月存錢，再赴「台灣師範大學國語教學中心」留學。他不光在師大的課堂上學中文，也與七、八位台灣人保持聯絡，幾乎每天都能從他們之中找到持續進行語言交換的對象。他在這時也發揮了「成長是加法的累積」之理論，比別人加倍努力，中文能力進步神速，以一年三個月完成師大的課程之後，受邀到台北車站附近的補習班擔任日文老師及教務的工作。剛好有位學生在出版社當業務，他受學生之邀，從二〇一一年起上午在出版社兼差。但是，魚與熊掌不可兼得，身兼兩職的生活並沒有持續太久。他大學時期因爲過勞而昏倒過的回憶一瞬間湧上心頭，隔年便辭去補習班，專注在出版社工作。

## 以YouTuber的最新形式，傳達身為教師的理念

當時那間出版社發行的外文教材只有英文，以佐藤爲核心，開始推出日文教材與雜誌的出版計畫，並統籌負責日文部門和海外部門。佐藤在這段期間，也發表了很多以日文教

材爲主的著作，連插圖也親自繪製。另一方面，從事出版社的工作之餘，二〇一七年三月佐藤開設了自己的 YouTube 頻道，於是 YouTuber「Iku 老師」誕生了。

「我的動機是想要介紹自己寫的書。就算印了新書海報，但是客人不去書店，也沒辦法看到啊。比起傳統的行銷方法，倒不如作者現身說法，自己的書自己介紹效果更好。每天都有很多新書上市，如果不這樣，我的作品會被淹沒。因爲有這種危機意識，才變成 YouTuber。」

佐藤把原本成立的 Facebook 粉絲專頁當作墊腳石，引導粉絲連結到他的 YouTube 頻道，把那些通常沒去補習班、沒買教科書就學不到的日文學習技巧或日本旅遊資訊，不惜免費大公開。首先是堅持提供最優質的資訊，因而與粉絲建立起信任感。這個策略奏效了，粉絲發現他提供的資訊是有價值的，自然而然會購買 Iku 老師的新書。

目前 Iku 老師 YouTube 頻道的觀衆，有九成是來自台灣、香港、馬來西亞等華人地區。影片內容包含了日語教學、台日文化差異、日本旅遊資訊等各種主題，其中很受歡迎的「方言系列」是比較日本各地方言與標準日語之差異的節目。Iku 老師引用了南非前總統納爾遜・曼德拉（1918-2013）的話，來說明學習語言背後更深層的意涵，是了解對方文化的重要性。

If you talk to a man in a language he understands, that goes to his head. If you talk to him in his own language, that goes his heart.

如果你用對方能理解的語言和他說話，那將傳達到他的腦袋。如果你用對方的母語和他說話，那將傳入他的內心。

「如果外國人到了一個地方，能跟當地人說當地的方言，哪怕只是一兩句而已，彼此的距離瞬間就拉近了，也更容易建立信任感。」

二〇一八年三月佐藤辭去出版社的工作，成爲專心經營 YouTuber 事業的 Iku 老師。他秉著「做任何事都有痛苦的時候，但是，什麼都不做會更痛苦。」的信念，人生有了很大的轉折。同年被選爲「台灣人氣最旺的外籍 YouTuber」，舉凡中央行政機關或地方政府，如行政院農業委員會、交通部、台北市、苗栗縣等，還有台日交通觀光業、物流業、餐飲業、製造業等也紛紛提出合作的企劃，成爲奔波在台灣和日本之間的網路紅人。二〇二一年十一月二十二日爲止，YouTube 的追蹤人數高達三十九萬人，若加上 Facebook 和 Instagram 的追蹤人數，突破六十六萬人。隨著通訊技術的日新月異，未來的 Iku 老師將會變成什麼樣子呢？

「古羅馬時期也有劇場、有演員。就算時代變了，演員這個職業一直都存在，只是表演的舞台不一樣而已，只要繼續做自己覺得開心的事情就夠了。」

Iku 老師常說「能夠發現自己喜歡的事物就是贏家」。今後筆者也會持續追蹤、不斷的關注 Iku 老師推陳出新的點子和生活方式。

圖片提供／佐藤生

■ 渡邊裕美 WATANABE Hiromi

# 嫁給台灣的斜槓人生——

## 【占卜師】龍羽 Watanabe（渡邊裕美）

生長於橫濱市。青山學院大學畢業後任職於證券公司，赴中國廣州市暨南大學留學後的一九九七年移居台灣。前後大約二十年，在台北深夜商圈林森北路經營全台第一家由日本人擔任媽媽桑的日式卡拉ＯＫ酒吧「Lupin」等的三家店。現以占卜師「龍羽WATANABE」的身分經營「命理占卜館・龍之羽」，也在桃園市開南大學擔任助理教授，更是國興衛視綜藝節目《台灣好吃驚》的準固定班底。二〇二一年七月起，就任台北旭日扶輪社第四屆社長。

## 喜好占卜的少女因父親過世的契機而立志當「老闆」

渡邊裕美是在從小學到高中一貫直升系統的天主教女子學校度過少女時期的。從國中開始，參加桌球社之外，也非常愛閱覽刊載古文明及超能力，還有不可思議現象的月刊《MU》雜誌，裡面的占卜專欄文章都認眞熱心地閱讀。甚至還在高中園遊會上擺起算命攤位「塔羅牌部屋」。

在大學主修經濟學。雖然依舊熱愛占星術和塔羅牌，但這個時期的她，對《易經》等的東洋占卜也開始抱持興趣。因爲外祖父曾在日本設置於中國東北的南滿州鐵道擔任俄語口譯的關係，母親是在大連出生、哈爾濱長大的，故很常從母親那邊聽到關於當時中國的往事回憶。此外，渡邊對於當時是桌球強國的中國也有著嚮往，她就因著這些因緣背景而信步走進中國占卜術的世界。

但是，大二的時候，發生了強烈衝擊她的人生大事。經營機械生產公司的父親突然過世了。父親一走，和父親事業有所往來的相關人士，翻臉如翻書般地變冷漠，也見識到了親戚間的骨肉相爭。讓她在此時期，初次猛然見到人性陷入泥沼的醜惡一面。

「雖然帶給我很大的衝擊，卻也成了洞察人心的最佳場合。反倒是讓我的鬥志如泉湧，那時我就下定決心，將來一定要當老闆。」

大學畢業後在日本證券公司上班。選擇證券公司是因爲薪水比其他職業多，這樣攢下開公司所需的資金比較快。另外，還抱著一絲期待若是自己的實力被肯定，也許有可能當上證券公司的總經理。但進入公司不久後，就覺悟到那不過是自己的幻想罷了。

「管理階層和幹部，連一個女性都沒有。業務的工作，比較重要的案子，也只交代男性職員處理，令我覺得受到很大的打擊。」

結果五年多之後她辭去那份工作。一九八九年十二月，日經平均指數升到38957.44點的歷史最高紀錄，達到日本泡沫經濟的最高峰。此外，這一年裡也接連發生了中國天安門事件、德國柏林圍牆倒塌等，震撼世界的重大事件。也許渡邊她與生俱來的靈敏直覺，已經早一步感受到時代變化的關鍵時刻即將來臨。

## 以外派駐台日本人職員為對象的事業之抉擇

利用公司的年休假，一九九〇年夏天，渡邊第一次去到了中國，雖然還是開發中的國家，但對於生活在那裡的人們所擁有的能量及活力，感覺是令人瞠目的深不可測，她相信在不久的將來，屬於中國的時代一定會到來。一九九二年夏天渡邊到廣州的暨南大學留學。正好是鄧小平發表「南巡談話」提出「社會主義市場經濟體制」的概念，朝著更進一步的「改革開放」而加速前進的時期。

「受到鄧小平『有條件的地區和人，先發展起來』的先富論之影響，所以我把心思放在改革開放領頭羊的廣東省上，也想到暨南大學有很多來自世界各國的華僑子弟，在拓展將來事業所需的人脈一定會有幫助。」

當渡邊在廣州遊學十個月學中文的課程結束時，她受到台灣同學建議，接著就到台北停留了兩個月。當時一邊教日語、一邊在台北街頭徘徊探訪。也走訪台東、綠島、南投的霧社等地。此次和台灣的邂逅也成就了渡邊與台灣命中注定的緣分。

雖說預測了中國的時代即將到來而決定到中國留學，但那個時代好像比預期的還遙遠。回到日本之後，也未能找到如自己所期待的工作。結果，只好到補習班當老師維持生活度日。

有天突然靈機一動，領悟了不需拘泥在日本就業，只要將自己的根據地置於華語圈不就解決了嗎？但是當時的中國薪水相當低。香港的話，跟收入一比，房租過高，她覺得非常地不划算。而新加坡不太雇用外國人。用刪去法的方式，最後就只剩下台灣這個可能性。但，到底在台灣能做什麼呢？

「我想到若是以派駐在台灣的日籍員工爲對象的話，生意就有可能成立。有認識的人說，像紐約或香港等外派日籍員工較多的城市，把外派的日本人當成主要客群的酒吧生意都很昌隆，我聽了以後，馬上想到就是它了。」

## 不只是有成就的經營者，也是有成就的占卜師

確信自己想法是對的之後，立即飛奔前往台北的歡樂街林森北路。一九九七年一月先以短期居留的方式，申請了台灣師範大學的短期留學，在當地努力收集各種資訊。有一天，透過朋友的介紹，陪同了從日本出差來台灣的生意人，去了好幾家位於林森北路的酒家和日式酒吧，順便也做了實地調查。和第三家店的老闆非常氣味相投，就決定先到那邊工作。

聽了渡邊開店計畫的台灣客人，建議她給占卜師占卜一下。渡邊聽了點頭如搗蒜。介紹的那位占卜師算了她「開店沒有問題」、「會在台灣長久居留」。

歷經開設公司的各項手續、和店面訂契約等，一九九七年十一月，林森北路俗稱六條

通的地方，卡拉ＯＫ日式酒吧「Lupin」開幕了。當老闆的夢想，終於在台灣開花結果。以「台灣第一家日本媽媽桑的店」做賣點，剛開張時，每晚連續都是客滿狀態。不久又開了燒酒酒吧、運動酒吧，發展到同時經營三家店的盛況。最後把其他的店頂讓給別人，只有「Lupin」一直營業到在台灣居留剛好滿二十年的二〇一七年爲止。

事業順心如意，心情也比較有餘裕的渡邊，再次把時間花費在占卜的學習上。從一九九九年開始，跟著台灣有名的占卜師學習，接受一對一的指導。恰巧，台灣那時成爲日本女性所喜愛的旅遊國家，腳底按摩和算命都成爲觀光旅遊的亮點，開始受到矚目。但是，以日本觀光客爲客群的占卜師，有很多日語說得好的，卻嫌實力和經驗不足。渡邊對那種狀況感到困窘。

「台灣的占卜師功力更深厚。我想要讓日本觀光客也認識到眞正的占卜。於是想到請台灣在地深受好評的占卜師老師們出馬，再透過口譯傳達的算命方式。」

因應這個想法而誕生的就是「命理占卜館・龍之羽」。如一開始所預期的，需求和供給，兩相符合，所以生意非常興隆。開張半年後，占卜老師問我：「爲何你不自己幫客人算？」我反問占卜老師：「我可以幫客人算嗎？」

「妳的中文程度要幫台灣人占卜的話，會比較困難，但若是幫日本人的話，就沒有問題。幫人占卜對妳來說也是學習。」占卜老師的答覆推了她一把，占卜師「龍羽WATANABE」於是誕生。

本身也是經營者的渡邊，她的占卜不只從日本來的觀光客，在外派來台的日本人之間也很快獲得好評。日本和台灣的媒體也多次介紹，從二〇一四年開始，每年都在日本出版占卜和自我啟發類型的單行本。

## 六十歲退休是人生的目標

隨著知名度的上升，有了從來沒想到過的工作邀約。在電影《雖然媽媽說我不可以嫁去日本》（導演：谷內田彰久，二〇一七年）和《戀戀豆花》（導演：今關明好，二〇一九年）當中，皆以客串飾演本行的占卜師之角色，登上大銀幕。另外她也是國興衛視綜藝節目《台灣好吃驚》的準固定班底，成爲街頭巷尾無人不曉的知名人物。而且因爲她豐富的社會經驗獲得賞識，二〇一九年起，被桃園市的開南大學聘爲助理教授。回顧自己來到台灣除了工作還是工作的四分之一世紀，她這麼說了。

「我雖然是單身，但覺得已經嫁給台灣了。」

渡邊表明了就在幾年後迎來六十歲的那一天想退休的意願。除了一直在做占卜學習和執筆書寫占卜相關著作之外，希望有朝一日也能夠寫小說。據她說已經醞釀有三個主題。心若有所思，就放手去做，與其後悔早知道，不如放手去做，即使失敗了，能夠學到的絕對更多。這就是渡邊的信條。最後渡邊分享了對她而言非常重要的兩句話。

「『以和爲尊』和『窮則通』這兩句。前者因爲是聖德太子的話而聞名，原本出自《論語》，闡明了『保持調和的重要性』以及『徹底議論到獲得理解爲止的重要性』。後者出自於《易經》，意味著『只要有義，即使身陷險境，最終也能走出一條活路』。」

以這兩句座右銘砥礪，今天的渡邊，想必也持續爲某些人照亮時路、在背後推他們一把吧！

「我雖然是單身，但覺得已經嫁給台灣了。」

■ 鵜林理惠 UBAYASHI Rie

# 以髮型師、企管顧問的二刀流奮勇向前的人生——

【美髮造型師、美髮沙龍店老闆】鵜林理惠

出生於大阪府寢屋川市。畢業於高津美髮職業學校、龍谷大學企業管理學系。身爲髮型師，執業時不斷鑽研剪髮技術；身爲企管顧問，協助美髮沙龍的營運和分店拓展管理。二〇〇六年移居台灣、二〇〇八年在台北開設「RED CHESS」日式美髮沙龍，時常擔任講師培訓台灣的髮型師，也是多位知名藝人的專屬美髮造型師。二〇一五年取得全台灣唯一通過認證的日本專利技術「Step Bone Cut．小臉補正立體剪髮」講師資格。從美髮技術與企業管理的兩個方向，致力於促進台日美髮文化的交流與提高台灣美髮沙龍界品質的頂尖美髮師。雖然受到疫情影響，二〇二一年九月底 RED CHESS 已歇業了，但鵜林還留在台灣，正在摸索著下一階段的人生。

鵜林理惠在台北經營美髮沙龍，創始股東之一是日本橄欖球前國手大畑大介，他透過友人介紹而投資，並將店名取為「RED CHESS」。RED是大畑喜歡紅色，CHESS象徵橄欖球選手「向前衝」的熱血精神。本篇介紹鵜林如何與台灣結緣的故事。

## 熱衷美髮造型的年少輕狂時期

鵜林是在高一寒假接觸到美髮界。當時她在美髮沙龍打工，原本只負責清潔地板，但老闆發現她很有天分，不久就交付她洗髮的工作。後來成為當地美髮工會理事長的特助，鵜林開始跟著理事長參加工會主辦的時裝秀和演唱會。

「在美髮沙龍店上班，我做什麼髮型、穿什麼衣服都是自由的；在時裝秀後台，我身邊都是美麗的職業模特兒。透過美髮，我看到的是華麗美好的世界，所以對美髮深深的著迷了。」

從那時開始，鵜林不論或睡或醒，心裡想的全是美髮。她說服了父母，便從普通高中退學，改為就讀美髮職業學校。畢業後，鵜林在家鄉的美髮沙龍當實習生。她入行後立即脫穎而出，在髮型設計競賽屢次獲獎。三年後，鵜林得知東京超人氣的美髮沙龍要在神戶開分店，便立即前往應徵，鵜林在面試時不問薪資就直接懇求面試官錄用她。

「沒有薪水也沒關係，一直負責洗頭也沒關係。拜託讓我在這間店學習。」

得償所願的鵜林，在新設立的分店全心投入工作，每天都過得充實愉快。

## 因阪神大地震迷失了自己的未來

好景不常，幾年後發生了顛覆她價值觀的大事件，就是一九九五年的阪神大地震。當天鵜林與幾位同事，為了去滑雪而住在神鍋高原（兵庫縣豐岡市），睡夢中突然遭遇強烈地震來襲。由於她們的家都在大阪，所以決定原路折返各自回家，但原路已柔腸寸斷，查找地圖也無用。反覆迂迴繞行，一直朝遠方的燈火行駛。

車一開進市區，就聞到空氣瀰漫著瓦斯味、聽到有人哭喊的聲音。由於當時還沒有手機，無法立即聯絡家人。車子開了十幾個小時後，終於到達可以看到大阪市的彼岸。可是眼前的橋梁，在浪濤拍打下隨時都會崩塌。但是開車的同事把心一橫，油門踩到底，只盯著對岸的燈火，就這樣汽車以驚人的速度越過了那座橋。

美髮沙龍店停業了三個月，停業期間薪資仍獲得保障，展現總公司在東京的企業才有的經濟實力。另一方面，受到地震的影響，很多私人經營的商店紛紛倒閉，鵜林親眼目睹了企業口袋深度不同的差異。

「在遇到阪神大地震之前，我是不惜犧牲睡眠，全心全意的投入工作。但是這場地震讓我明白，就算爲了夢想付出一切努力，也可能在一瞬間全部失去。」

看不見自己的未來，始終鬱悶的鵜林辭去了美髮沙龍的工作。她爲了生計，前往正在招募員工的卡拉ＯＫ店應徵，卻沒被錄取。撇開美髮界的學經歷不計，鵜林只剩普通高中退學的學歷，反倒成了求職阻礙，讓她非常震驚。鵜林不甘心只能如此，反而更加奮發圖強，此時二十三歲的鵜林一舉順利通過了「高中畢業程度學力鑑定考試」，並考取龍谷大學進修推廣部，主修企業管理學系，因爲在阪神地震時，她深刻地感受到企業管理的重要性。

大學畢業後，鵜林從事美髮沙龍業的企管顧問。碰巧她擔任過顧問的一間美髮沙龍店，後來聘請她當髮型師，因此鵜林以髮型師的身分，再度回到美髮沙龍。她擔任區域經理期間，一方面培訓新進員工，並爲公司展店至七間門市。那是鵜林將所學到的美髮技術與企管知識，融合綻放的時刻。而那間美髮沙龍的老闆上野清信，是鵜林的恩師。

「上野先生教我要珍惜每位客人，當作這輩子只會見到眼前的客人這一次而已；要有爲人服務的心態；還要常常問自己：是爲了誰？爲了什麼當美髮師？」

## 在台北開美髮沙龍

二〇〇四年，鵜林來台旅遊三天兩夜，意外開啟與台灣的緣分。當時是台灣偶像劇所掀起「華流」熱潮的全盛時期，台北雖因密集的興建工程而瀰漫著灰塵，但整個城市充滿蓬勃的氣勢。鵜林順道稍微考察了台北最時尚的美髮沙龍店，卻發現那裡與日本流行的最前線尚有一段距離，她認爲台灣女生其實可以更美麗。在那之後，鵜林不斷造訪台灣，二〇〇六年她決定移居台北。

「我一直思考怎樣是無悔的人生？也想用中文工作看看。剛好那時候，前公司的產品供應商，找我來台灣教美髮產品的使用方法。」

剛開始鵜林在其他日本人經營的美髮沙龍幫忙，第一次在外國生活，每天都是千難萬難。她因語言隔閡、文化風俗習慣之差異而身心俱疲，也曾一度暴瘦八公斤。二〇〇七年秋天，鵜林與美髮沙龍店的工作合約即將期滿，她的居留證也因此不能展期。但鵜林還無法流暢地以中文溝通，她不甘心就這樣打包回家，鵜林燃起奮勇向前的決心。

「這場地震讓我明白，就算爲了夢想付出一切努力，也可能在一瞬間全部失去。」

當時能留在台灣的唯一方法，是鵜林與台灣人合夥開公司，合夥人難覓，幸好二〇〇七年底，台灣的法律修改了，外國人獨資也可以成立新公司。但因行政機關未曾受理該項申請，鵜林申請設立公司的文件，光是在行政機關的窗口，不斷被各單位互踢皮球沒有進展，簽證也一直不核發，讓鵜林擔憂到胃痛，爲此她也曾祭拜土地公祈求保佑。經過一番波折，二〇〇八年五月在捷運大安站附近的大馬路上，鵜林終於如願以償的開設了美髮沙龍店「RED CHESS」。其中一位創始股東，鵜林是透過共同友人的介紹而認識，他就是爲美髮沙龍店取名的大畑大介先生。

鵜林作爲美髮師，她主動教導員工技術、待客禮節、清潔方式、管理美髮沙龍店的基本知識。另外，她始終一貫的態度，是堅持與員工共同討論薪資與休假等等的待遇條件、福利制度、員工私人的生涯規劃。鵜林也將店裡的營業額與利潤，公開透明的向員工揭露。她把完整的「鵜林理惠」全都展現給員工看，包含她有時被氣哭的模樣。

「員工就像我的家人，我跟他們相處的時間比跟眞正的家人還要久。我想讓美髮師能過好的生活，讓他們的努力可以得到回報。東西總有壞掉的一天，但是人跟人之間的情份會永遠留下來。」

正是因爲經歷過阪神大地震，還有恩師上野先生的薰陶，使鵜林深切感受「人才」

的重要性，因此她才可以孕育出這套企管哲學吧？員工也回應鵜林的付出，毫不掩飾他們對「RED CHESS」的熱愛與忠誠。在離職率很高的台灣，有兩位員工從十三年前開業就一路相隨。

## 在台灣美髮界深受好評

鵜林的技術倍受信賴，加上店內的氣氛溫馨舒適，漸漸累積了不少粉絲。開店才半年就晉升為排隊名店，預約的名單甚至要排到一個月以後。從助理開始做起的員工，在一年後也都培訓有成。只是店內只有五個座位，客滿時員工都快找不到能站的地方，空間顯然太狹小了。

兩年後的二〇一〇年，新的資金到位後，鵜林就決定將店面搬到更大的地方。雖然房租貴了四倍，她還是希望能有夠大的空間，讓員工發揮才能。從這群懷抱夢想，努力工作的年輕員工身上，鵜林看到了自己剛出社會的影子。

每個員工很快就培養出自己的熟客。經常擔任台灣藝人、日本來台錄影藝人的指定美髮造型師，媒體也頻繁的預約申請採訪。此外，日本專為亞洲人的顏面骨骼研發出專利技術「Step Bone Cut・小臉補正立體剪髮」，鵜林在二〇一五年取得全台灣唯一通過認證的講師資格，並積極爲台灣美髮師培訓最新技術。

二〇一六年在橫濱會議中心舉辦的TWBC（Takara World Business Congress）是國際性美髮沙龍業界一大盛事，鵜林作爲台灣代表，與日本美髮沙龍界的大師們一同登場。鵜林擁有的技術、知識、經驗，總是慷慨的不斷傳承給台灣美髮沙龍界，她的態度受到高度讚賞。鵜林在人生路上又得到一枚勳章，今後她會朝什麼方向發展呢？鵜林笑著回答。

「我對未來沒有想太多，只是感謝能夠跟這片土地的朋友結緣，同時我只是專注的活在當下。」

受到疫情影響，二〇二一年九月底RED CHESS已吹熄燈號。與鵜林同甘共苦的「家人們」也各自踏上新的旅程。雖然如此，鵜林仍堅持留在台灣，正在摸索著下一階段的人生。筆者相信，宛如不倒翁的她，不久將會捎來嶄新啟程的消息，由衷祝福鵜林有美好的未來！

■ 木下諄一 KINOSHITA Junichi

# 「精誠所至，金石為開」的超級爺爺——

【作家】木下諄一

一九六一年出生於愛知縣。旅居台灣三十多年的日籍小說家、散文家。東京經濟大學畢業，先任職於貿易公司、之後自行創業，一九八九年移居台灣，擔任台灣觀光協會發行的《台灣觀光月刊》總編輯八年。二〇一一年以中文創作的小說《蒲公英之絮》（印刻文學出版，二〇一一年）榮獲第十一屆台北文學獎，是首位獲得該獎的外籍作家。著有《隨筆台灣日子》（木馬文化出版，二〇一三年）、《記憶中的影子》（允晨文化出版，二〇二〇年）、日文小說則有《アリガト謝謝》（講談社，二〇一七年）等書。二〇二〇年八月起開始挑戰經營 YouTube 頻道「超級爺爺 Super G」。

二〇一七年三月，木下諄一在日本出版了一本小說《アリガト謝謝》，探討當年日本發生三一一大地震之後，來自台灣超過兩百多億日圓捐款是如何募集而來？鉅額捐款蘊含了台灣人對日本的熱情又是從何而來？藉由在山區的國小、偏鄉地區的鄉公所、大學校園、佛教團體的義工隊、糕餅老店等地方的募捐故事，解答前述的種種疑問。此外，某位日本女性在推特上發起答謝台灣的計畫，也是此書描寫的另一大主軸，不久後兩條軸線交會，透過捐款突顯出台日之間，充滿善意與感謝的友好關係。

## 前往台灣，重新開展新的人生

木下和台灣的相遇要追溯到四十一年前，剛上大學的木下在一九八〇年，人生第一次出國就選擇了台灣，並在台北待了約一個半月，之後的四年內他四度回訪台北，大學期間總共在戒嚴下的台灣住了一年半。一九八四年春天，即將畢業的木下抱著「此生可能無法再來的心情」告別台灣。畢業後木下進入貿易公司工作，之後自行創業，一九八九年重返台灣開拓嶄新的人生。木下原先並無明確方向，抵達台北的第二天，因著以前朋友的引薦，立刻獲得在大學語言中心擔任日語老師的工作，幸運之神站在他這一邊。

## 創業一帆風順，小說創作卻步步艱辛

台灣一九八七年解除戒嚴，接著進入李登輝總統主政時期，社會朝民主化大步邁進。一九八九年回到台灣擔任日語老師的木下，週六週日也到學校加班，他不惜壓縮睡眠時間，從清晨工作到深夜。木下的教學大獲學生好評，也深得學校信賴，但在大約兩年後的一九九一年，他面臨人生下一個轉捩點。「台灣觀光協會」要出版對日本推廣觀光的雜誌《台灣觀光月刊》，木下早被相中是擔任總編輯的熱門人選。轉換跑道後，木下不只編輯也負責撰稿，寫作能力在不斷的磨練中提升。這份工作持續了八年，直到一九九九年木下自立門戶成立編輯公司爲止。新成立的公司，因台日雙方客戶的關照，可謂一帆風順，但這樣的日子過了大約一年，木下開始覺得不對勁，他意識到自己的工作越來越偏向公司的經營管理，日漸遠離了創作。

## 立志創作小說十多年後，以外國人的身分首次獲獎

其實在創業前的兩、三年，木下已在各種限制裡，開始感到無法自由的書寫文章，他

的心緒已逐漸向小說創作靠攏。彷彿爲了反抗身爲公司負責人的自己，木下一頭栽進小說的研究之中。

「寫小說用的『肌肉』跟寫雜誌不一樣，因此我重新細讀喜歡的作家所寫的小說，分析他們的寫作技巧，譬如說：過去式和現在式的用法、怎麼省略掉主詞、一句話要多長比較恰當？我那個時候一直在研究這些。」

二〇〇二年木下出版了第一本著作，是單行本的《台灣旅行術》（總和法令出版），他將此書視爲從觀光產業告一段落的「畢業論文」。二〇〇三年木下看到有出版社在徵選新人獎，雖然他的投稿未能進入決選，但能從一千兩百件作品擠進初選入圍的九十件之內，讓木下對寫作萌生信心，之後卻因忙於生計，轉眼又過了五年。

「寫小說的時候不會有收入，不寫也不會有人抱怨，所以最後一定是變成每天先做眼前的工作再說。我覺得再這樣下去，成爲小說家的路有中斷的危機，所以下定決心，在兩年內結束台灣的生活，我要回日本專心寫小說。」

但木下與台灣的緣分沒有這麼輕易結束，不久之後，他從台灣友人得知「台北文學獎」的存在。木下心想：反正以後回日本，也不可能再參加文學獎徵文，不如把握現在。這樣一想，他的「創作腦」開始蠢蠢欲動。雖然中文創作比用母語難度更高，木下憑著一股想寫小說的熱情，完成了《蒲公英之絮》，結果一舉榮獲二〇一一年第十一屆台北文學獎。木下長久以來的夢想終於在那一刻實現，距離他立志成為小說家，已經過了十多年的歲月。

木下說：「跨過一道難關之後，機會將在眼前自然展開。」得獎後，木下受邀於《自由時報》副刊撰文，以專欄形式連載，文章在二〇一三年集結出版，書名與專欄相同《隨筆台灣日子》。報紙副刊是作家發表新作的重要版面之一，其中一篇文章更是被選入國小五年級的國語教科書，木下的職業作家之路，扎實的向前邁進了一大步。

## 連繫起想要述說與希望傾聽的人

日本三一一大地震發生時，木下在台灣，兩天後就是台北文學獎的頒獎典禮。他回顧起當時的感受，台灣頒獎典禮前夕遇上日本大地震，兩邊的資訊量都多到追不完，忙到焦頭爛額。家鄉發生前所未有的災難，在外國的自己該如何自處？木下看到新聞傳來災情慘重的畫面，痛苦的思緒揮之不去。兩年半之後，二〇一三年秋天，木下開始著手進行《アリガト謝謝》的寫作計畫。

「我會想寫這本書，是因爲有一個朋友告訴我『日本東北有很多人想要了解台灣』。災區的生活到現在還是很辛苦，關於地震，人在外國的我實在沒有資格去談，所以我猶豫了很久。但是身爲一個住在台灣快三十年的小說家，我能做些什麼？深思熟慮之後的答案就是這本書。」

隨著執筆前的田野調查持續進行，木下發覺有許多台灣人也想對日本傳達他們的想法。日本東北人想知道台灣；台灣人有話想對日本說，這兩種心情其實是相通的。所以木下覺得自己更應該在中間扮演連接的橋梁。

## 不為「紀錄」，盡心以文字縫補「記憶」

「採訪之前，我都會先跟受訪者說清楚：『這本書的內容是虛構的，能不能出版也還不知道喔！』但是每一個人都很快就答應受訪，而且知無不言，言無不盡。這三十年承蒙台灣對我的照顧，我覺得寫完這本書，替台灣人傳達心意，應該是我能報答台灣的最好方式。」

宛如連繫起台灣人和日本災民的《アリガト謝謝》，木下歷時四年撰寫，終於在二

○一七年三月出版了，他懷抱著總有一天也要在日本出版小說的夢想在那一刻實現了。此書的焦點是探討：「台灣人爲何能如此盛情的捐款助日本呢？」深入採訪社會裡形形色色的各種人士，才撰寫出的小說。木下對於自己的作品常被視爲報導文學，做出下列說明：

「這本小說不是一種『紀錄』，而是我用文字仔細的縫補『記憶』。故事的本質是基於百分之七十眞實事件，融合百分之三十的虛構。虛構的部分有加入我在台灣生活三十年的經驗，透過閱讀這本小說，希望可以讓日本讀者感受，他們日常生活難以體驗到的台式溫暖。」

「對有困難的人伸出援手，是台灣人與生俱來的美德。」

再加上這次遭逢困境的是「日本」這個和台灣有著特殊歷史淵源的國家，因此才形成巨大的捐款熱潮。不同世代、立場各異的台灣人對日本的種種特殊情感，無法單純用一句「台灣就是親日」來解釋，木下想藉此書來表達各種台灣人的心聲。

## 盡力而為，前途自然開闊

這部作品從構思、採訪、撰寫、出版，總共歷時四年，創作的路上絕非平順之途。也曾苦無靈感完全寫不出來，也有幾乎已決定的出版社在最後階段中止計劃。儘管如此，木下仍繼續寫著、持續尋找出版機會，絕不放棄。探究這份驅力的來源，木下說是「靠著我對作品毫無理由的自信」。

「一定有人會想知道這些故事，也一定會有出版社願意發行，就算在寫書的過程，我也完全沒有懷疑過這件事。」

木下再接再厲，二〇二〇年十月出版了他的第二本中文小說《記憶中的影子》（允晨文化出版）。此書以《自由時報》不定期連載的同名專欄爲基礎，整合爲小說的形式，並結合了木下一九八二在戒嚴中的台灣留學之經驗。

新書發表之前，木下開設 YouTube 頻道「超級爺爺 Super G」，製播中文影片介紹台灣獨特的生活趣事、探討台日之間的文化差異等，掀起話題的連鎖效應。成立一年後，頻道的訂閱人數已近三萬五千人，最熱門的影片有超過六十二萬觀看次數，木下已然成爲具備流量的人氣 YouTuber。

此外，在萬全準備下《アリガト謝謝》的中文版小說，將於二〇二二年春天由時報文化出版。這是日文版發行了五年後，木下迎來的好消息，即使過了花甲之年，木下的挑戰也從未停止。

木下這位大器晚成的小說家，他的座右銘是「人生沒有無用的經驗」，若能這麼想，遭遇失敗和挫折也能夠接受，即便此刻認爲是負面的經驗，未來也一定會以正面的形式回到自己身上。木下最後這樣做總結：

「我覺得不要對自己的人生設限，因爲人生最大的損失，就是不願嘗試挑戰、不敢冒險。我相信只要做了最好的準備、用最好的狀態去面對，未來的路一定爲你敞開。」

# 與 Made in Taiwan 一起探究黑洞之謎——

## 【天文學者】松下聰樹

出生於東京都。少年時期就對天文學感興趣，立志成爲天文學家。畢業於東北大學理學院天文學系學士、東北大學天文學碩士、國立總合研究大學院博士。擁有天文學博士學位。經歷「哈佛史密松天體物理學中心」博士後研究，二〇〇三年起，任職於「台灣中央研究院天文及天文物理研究所」，是現任的研究員。松下擔任國際組織「事件視界望遠鏡（Event Horizon Telescope，簡稱ＥＨＴ）」的台灣代表，連線八座橫跨世界各地的電波望遠鏡，利用「特長基線干涉測量法（簡稱ＶＬＢＩ）」拍攝並解析黑洞眞相。

■ 松下聰樹 MATSUSHITA Satoki

# 從國小就夢想成為天文學家

松下聰樹在國小三、四年級那兩年，因著物理學家父親的工作而住在紐約，他當時在紐約就讀的國小，是由主修理科的老師來教導理科，而且理科教室還有一座小的天象儀。

「理科的課，老師都在教天文學的東西，我覺得實在太有趣了。那個時代因爲一九七七年無人太空探測船『航海家1號、2號』陸續成功發射，再加上後來『企業號太空梭』也發射成功，大家見面都在聊這個話題。之後我又回日本，轉學到仙台的國小，記得我還在畢業紀念冊寫著，未來的夢想是當天文學家。」

升上國中後，松下被父親介紹給仙台市的天文台長小坂由須人，之後他便與同學一起加入「仙台天文同好會」。他們每週六固定聚會，從天文台十八點閉館後到隔天凌晨三點，非常熱衷於觀測整晚的月球表面、流星、星雲、星團等等，尤其是當時很接近地球，風靡一時的哈雷彗星，也讓松下非常著迷，有時他還會在天文台天象儀的地上鋪睡袋過夜。就這樣松下融入了愛好天文的大人們之聚會，學會了很多星際知識和操作望遠鏡的技術。

「但是理科以外的東西，我幾乎都沒有興趣，包括以國文爲首的文科聯考必修科目全都很弱。不過，爲了成爲天文學家，我奮發圖強參加了大學聯考。」

松下重考了一年，考上東北大學理學院天文學系。他在主修電波天文學的石附澄夫助教（當時的職稱）身邊學習，學士畢業後，松下也進入東北大學的碩士課程，但是石附老師後來調到長野縣野邊山的國立天文台，因此松下也搬去野邊山居住。

碩士畢業後，松下在國立總合研究大學院攻讀博士課程，繼續住在野邊山。在那裡，他一邊觀測系外銀河（銀河系外的銀河），對於電波干涉儀（利用兩部或兩部以上的電波望遠鏡，組成一個望遠鏡陣列，望遠鏡的解像力與面積成正比，可以大幅提升影像的解析度）的構造，松下把實際觀測、排除故障的檢修知識及技術也學得很透徹。松下不只在研究上有一番成就，在設置觀測器也有卓越的表現。

二〇〇〇年到二〇〇三年，松下在博士後研究期間，他保有「哈佛史密松天體物理學中心」（Harvard-Smithsonian Center for Astrophysics）的學籍，同時參與在夏威夷島茂納凱亞火山，建設世界第一座「次毫米波陣列望遠鏡」（Sub-Millimeter Array，簡稱SMA）。SMA由八台直徑六公尺的電波望遠鏡，組合成一座觀測用的電波干涉儀。

松下在專業研究、設置觀測器這兩個領域都擅長，因此他也負責把組合完的裝置開發到能進行科學觀測的狀態。事實上，SMA的八台電波望遠鏡之中，有兩台是台灣製造的，松下與台灣的緣分，在夏威夷就意外的繫在一起了。

## 抓住台灣提供的機會

台灣的電波天文學研究，原本與世界水準差距甚大。但是一九九〇年代，中央研究院表明參加ＳＭＡ計畫後，台灣製造商就收到了ＳＭＡ專用的電波望遠鏡訂單。當時台灣廠商只需按照美方的設計圖製作，卻也因此獲得了這個領域最先進的技術。

不過，那時台灣的電波天文學領域研究員極度短缺。在ＳＭＡ開發之際，表現出色的松下，早被台灣相中是亟欲網羅的人才，這也是台灣當時迫在眉睫的局面。

「當時日本的博士後研究員名額和科學研究預算已達上限；而台灣在這個領域上正在快速發展，研究環境也很完善。比起留在已經飽和的日本，台灣給我的研究邀請反而是可遇不可求的好機會。如果是在台灣的中研院，我對ＳＭＡ觀測資料的解析，也可以沒有停滯的繼續進行下去。另外，台灣也在亞洲、生活機能很方便，這些也是吸引我的原因。」

就這樣，二〇〇三年松下來到台灣，在「中研院天文及天文物理研究所」開啟了他的博士後研究。而松下原本在「哈佛史密松天體物理學中心」的指導教授賀曾樸（Paul Tseng-Pu HO）也在差不多相同的時間來到台灣，成爲在中研院與松下同一個研究所的所長。松下越過海洋來到台北的研究中心，卻意外與前任上司重逢，讓松下非常驚訝。由此相信大家已深刻感受到，台灣爲了確保這個領域的人才而付出了多少努力。

## 擔任巨大虛擬陣列式望遠鏡建設計畫的台灣代表

二〇〇〇年代後期，SMA的「阿塔卡瑪大型毫米及次毫米波陣列望遠鏡」（Atacama Large Millimeter/submillimeter Array，簡稱ＡＬＭＡ）安裝在智利海拔五千公尺的阿塔卡瑪沙漠。雖然是美、歐、日共同進行的計畫，但台灣對美國和日本各出資百分之五，得以副成員身分參與建設。ＡＬＭＡ是由五十台直徑十二公尺的電波望遠鏡所組成，規模比ＳＭＡ大了二十五倍以上。松下在二〇一〇年飛去智利，調整十六台電波望遠鏡，進行干涉測量的實驗成功，他花費一年半，終於整合至能夠進行第一次科學觀測的階段。

接著在二〇一二年，松下參與「特長基線干涉測量法」（Very Long Baseline Interfero-meter，簡稱ＶＬＢＩ）的使用，幫忙設置格陵蘭望遠鏡（Greenland Telescope，簡稱ＧＬＴ）。

「基線」是指組成干涉陣列式電波望遠鏡之間的距離，基線越長，望遠鏡的解析度越高。夏威夷的SMA最長基線約爲五百公尺，智利的ALMA約爲十六公里。

另一方面，在格陵蘭新設置的GLT，將與包含SMA、ALMA等世界各地的電波望遠鏡連線，用於VLBI觀測，是擔任「巨大虛擬陣列式望遠鏡」重要的一環。這個「虛擬陣列式望遠鏡」的直徑，也就是「基線」的距離，最長可達約九千公里，也被稱爲「特長基線」，相當於地球直徑（一萬二千七百四十公里）的百分之七十。

另外，國際組織「事件視界望遠鏡」（Event Horizon Telescope，簡稱EHT）運用「巨大虛擬陣列式望遠鏡」，針對兩個「超大質量黑洞」進行觀測，分別是「人馬座A*」和「M87」，試圖解開這些宇宙奧秘。EHT由三百五十位世界各地的研究員組成，台灣約有五十位參加，松下擔任台灣代表。

「這個計畫的成功，代表我們能夠建造出，跟地球一樣巨大的電波望遠鏡。解析度會大幅提高，我們已經快要逼近，解開神秘黑洞的那一天。」

於是二〇一七年的十二月，松下與同事被派去暫時放置GLT的格陵蘭美軍圖勒（Thule）空軍基地。儘管處在零下三十度的極凍之地，松下他們只用兩個月的驚人速度，就把GLT整備到可以做科學觀測的狀態。值得一提的是，台灣這二十年所累積的技術，也被運用在研發製造能抵抗酷寒環境的電波望遠鏡。

## 在台灣的第十九年研究生活

一年半之後，二〇一九年四月十日成為天文物理學上歷史性的一天。運用VLBI觀測蒐集到龐大的數據，經由解析後，EHT首次成功拍攝到M87巨大黑洞的影子並公布影像。東京、台北、上海、華盛頓DC、布魯塞爾、聖地亞哥，分布在世界的這六個城市同時召開記者會，這個新聞瞬間傳遍了全世界。這一路上不斷擔負起SMA、ALMA、GLT等新計畫的松下，可說是這項壯舉的主要功臣之一。

「照片上的橘色部分是黑洞的邊緣，高熱的電漿已被解析成可看見的影像。可以推論黑洞的邊緣，有電漿掉進黑洞境界時的成分，還有電漿經過磁力向外釋放時的成分。接下來的任務，是要將GLT移至格陵蘭山頂，提高解析度，對這些空間進行分解與研究。」

松下在台灣的研究生涯也邁入第十九個年頭了，他希望有更多台灣人能夠知道，台灣在電波天文學研究與支持這些研究的技術，雙項都是世界頂級的水準。同時，松下說作為一位使用著台灣稅金的研究員，他經常思考如何用他們的研究來回饋台灣社會。

「台灣製造商以十年、二十年爲單位，持續爲我們製作觀測設備，給予我們研究非常大的支持。另一方面，製造設備不僅讓台灣的廠商享有每年大約一億台幣的商機，還因爲累積了很多製造技術，能夠向世界展示Made In Taiwan的實力。不只是我們的研究成果，實際上也以這種方式在回饋給台灣社會。」

松下說「辛苦也是一種樂趣」，這樣的他與研究團隊，下次將帶來什麼令我們驚豔的研究計畫呢？筆者曾在少年時期也對天文學很著迷，期待能再次見到述說著天文故事後續發展的松下。

圖片提供／松下聰樹

# 一百年前就埋下與台灣的緣分——

【創作型歌手、演員、文字工作者】馬場克樹

出生於仙台市。北海道大學中國文學系畢業。曾任財團法人日本台灣交流協會台北事務所文化室主任。二〇一一年辭官後，在日本東北投入三一一大地震重建復興工作長達一年半，二〇一二年移居台灣，成爲全職的音樂、表演及文字工作者。在「八得力樂團」擔任主唱與吉他手，音樂代表作有電影《逆光飛翔》的片尾主題曲〈很靠近海〉。身爲演員也曾演出過《大稻埕》、《江湖無難事》、《消失的情人節》等台灣電影、好萊塢電影《沉默》，以及電視劇、廣告、舞台劇等許多作品。著有《上海時代 1986～1988 一個留學生的回顧錄》共三冊（Amazon kindle, 2018）。並於日本多語言媒體網站《nippon.com》有連載專欄「在臺灣扎根的日本人」。

■ 馬場克樹 BABA Masaki

## 放棄當創作歌手的夢想，進入官方國際文化交流的行業

馬場在童年時，經常跟著爸爸一起聽納金高（Nat King Cole）、安迪・威廉斯（Andy Williams）等美國歌手所唱的英文老歌，除了聽，他也喜歡唱。上大學後，馬場加入民謠研究社團，開始發表自己創作的歌曲，逐漸擁有成為創作型歌手的夢想。當時《YAMAHA 全國流行音樂大賽》是每個創作型歌手為了出道必須擠進的窄門，例如：中島美雪、恰克與飛鳥等明星，也都是這樣出道的。有一年，跟馬場同社團的大學同學，參賽獲得了全國大賽的最佳演唱獎，賽後便與唱片公司簽約順利出道了。

「當時眞羨慕那個同學，其實每年我也有報名這個比賽，只是每次在初賽海選階段就落選了，連一次北海道的地區預賽都沒晉級過。所以我覺得自己沒有音樂才華，滿出來的失落感，讓我放棄音樂的夢想。」

雖然如此，大四那年馬場很幸運的考取了「日本與中國政府公費交換留學生」的甄試，前往上海復旦大學留學兩年。在留學期間，他報名了全國九家電視台聯合主辦的「外國友人中國歌歌唱大賽」，順利通過上海地區的預賽後，馬場以「上海地區代表」的資格參加了全國大賽，最後榮獲全國第二名的「金竹獎」。因為這個節目是晚上的黃金八

點檔時段在中國各地播出，所以不僅是上海當地，馬場就連去南京或昆明旅遊，都曾被陌生人認出來，也天天收到粉絲的來信。雖然馬場演唱的不是自創曲，但這個比賽讓他憶起睽違已久的歌唱快樂。

「那時候我感覺到一點點的明星氣氛。我比賽唱的，是以前中國禁播的歌，鄧麗君的〈輕風〉。一開始電視台不允許我唱，跟製作人抗議與協商之後才放行，所以我應該是在中國電視台第一個唱台灣流行歌的歌手。那是一九八七年，剛好是台灣解嚴的時候。」

大學畢業後，馬場在民營企業工作了一年半，一九九〇年九月在日本外交部管轄的「日本國際交流基金會」，開始從事國際文化交流的官方工作。他第一次的外派是到北京，第二次是澳洲雪梨，第三次是台北。二〇〇七年五月，馬場先借調到日本台灣交流協會，再以外交人員的身分派駐來台。

「我在日本國際交流基金會，主要負責的是有關日中文化交流。二〇〇〇年暑假，我第一次來台灣旅遊，雖然是初次造訪，但我在萬華龍山寺附近散步的時候，忽然覺得一股好懷念、似曾相識的感覺，印象特別深刻，所以後來知道要被派到台北，我還蠻高興的。」

## 台灣讓他再想起當創作歌手的夢想，辭官後進入走唱人生

馬場派駐台灣三年半的期間，不僅完全融入台灣的生活，連他的中文發音也逐漸退去北京腔，習慣了不那麼捲舌的台灣華語。二〇〇八年，馬場來台第二年，他迎來了扭轉人生方向的奇遇。馬場的乾哥是旅居雪梨的日籍作家永淵閑，有天他乾哥在自己的部落格對讀者提出兩個問題：

「二十歲的你，本來想做什麼呢？」

「六十歲的你，現在想做什麼呢？」

由於是公開提問，所以應該不是針對任何人，但卻觸碰到馬場的內心深處。他面對電腦自問自答：

「二十歲……我想當創作歌手，那六十歲呢？我的腦袋突然浮現一幅畫面，有很多

小朋友、阿公阿嬤包圍著我，我背著吉他自彈自唱，他們也一起開開心心的唱著歌呢！」

瞬間馬場覺悟了，二十歲的他，也就是「過去的自己」，六十歲的他，也就是「將來的自己」，如果無論過去、未來都想唱歌的話，那麼「現在的自己」也應該盡情高歌吧？！宛如心想事成，在那之後一群玩音樂的朋友就陸續出現，自然的組成了獨立樂團，在台北的音樂咖啡廳開始巡迴演出。雖然是白天當官、晚上公務應酬、週末帶著長官致詞的任務趕場出席台日交流活動，但深夜裡馬場的靈感不斷湧出，駐台三年半居然寫下四十多首原創詞曲。

馬場在這段時期創作的一首日文歌〈因爲有妳〉，受到張榮吉導演青睞，後來成爲二〇一二年台灣電影《逆光飛翔》的片尾主題曲，由葛大爲重新塡寫中文歌詞、金曲歌后蔡健雅演唱，中文版的〈很靠近海〉就這樣誕生了。

二〇一〇年九月馬場在台灣任期屆滿返日，二〇一一年一月他辭去已任職滿二十年的外交工作。本來想立刻回台灣專注發展音樂，但不久即發生日本三一一大地震，馬場身爲日本東北人，頻繁往返遼闊的災區，如岩手縣、宮城縣、福島縣等，爲賑災盡一份力。地震發生後的第二年，馬場擔任製作人兼媒體統籌，接待來自中國中央電視台、台灣民視電視台、台灣藝術大學電影系等拍攝紀錄片的團隊。他不僅負責向政府申請活動預算、安排當地的攝影行程、取得受訪者採訪同意，還在一片荒野之中領航，親自開車護送採訪團隊到災區現場、及隨行口譯。

擔任重建志工的期間，馬場也每兩個月一次回台灣登台演唱，持續一陣子之後，他決定二〇一二年九月再度移居台灣，正逢電影《逆光飛翔》要上映，並與知名詞曲版權公司簽約，二〇一三年一月設立自己的公司，看似一切水到渠成。

但現實總是殘酷的，想與年過五十的「音樂創作新人」合作的人始終沒有出現，所以馬場的生活不久就陷入困境。退休金不只是花在孩子的學費和生活費，在災區一年半當志工，他總是自掏腰包彌補當地之不足，眨眼間已捉襟見肘。加上原本屬於馬場的版稅，被當時信任的友人竊據，金錢與友情的雙重背叛，讓他精神上也徹底地崩潰了。

「那時候對我不離不棄的，就是現在的太太。身在外國、又陷入極度困境，我看清楚了誰是眞正的朋友。有過這種經驗，讓我重新調整理想與現實的平衡點。想一想除了音樂，我還能做什麼？爲了生計，我曾經在北村豐晴導演開的居酒屋，擔任過三年的店長。」

## 以音樂、演戲、寫作來活在當下的第二個人生

二〇一三年，旅台日籍演員米七偶邀請馬場參加電影的試鏡，那是葉天倫導演二〇一四年的賀歲片《大稻埕》，馬場被選爲飾演日治時期的警察署長，並在拍攝期間結識兩位日籍演員，藝人出身的葛西健二、日本劇場界出身的松田強尼。松田邀請馬場與葛西，共同加入他在台北創立的劇團「戲劇大飯店」。身爲團長的松田，透過在台三年舞台劇演出，教導馬場表演的基礎、培養演技與演員應有的態度。在電影《大稻埕》之後，馬場也開始參與其他台灣電影、電視劇、廣告片等許多影視作品。

另一方面，馬場開始當演員的幾近同時，日本多語言媒體網站《nippon.com》邀請馬場撰寫電影《KANO》的採訪專文，長榮航空機上雜誌《en Voyage》也不定期的向他邀稿。二〇一七年，馬場在《nippon.com》開啟了連載專欄「在臺灣扎根的日本人」系列。二〇一八年，他把留學生活的回憶整理成爲隨筆《上海時代 1986 ~ 1988：一個留學生的回顧錄》，在 Amazon Kindle 出版了電子書。這樣的馬場也稱得上是文字工作者了。

身爲創作型歌手的他，也在酒吧、居酒屋、音樂咖啡廳等地方舉辦個人音樂會。二〇一三年馬場與台灣駐唱兼創作歌手林助家，組成台日雙人組「八得力樂團」，一方面陸

續發表全台九處溫泉鄉的九首主題歌，另一方面也參加台灣各地以及港澳地區的音樂祭、文化和觀光活動的現場音樂表演。二〇二一年三月起，日本北海道的創作歌手熱田有香也加入「八得力樂團」，升級爲三人組的樂團，表演更加多元豐富。馬場也持續爲電影插曲、廣告歌、電玩主題曲等提供音樂創作，由此他逐漸建立出音樂、戲劇、寫作的三個核心身分了。

二〇一八年初，馬場偶然在網路搜尋到日治時期《台灣總督府文書》，以及透過台灣史研究家陳力航而得到當時的日文報紙《台灣日日新報》等文件，輾轉得知自己的外曾祖父椰野尙豬，一八九六年已經在台灣擔任總督府文書課的文官，也在一百多年前的台北艋舺生活，辭官後留在台北大稻埕，最後病逝於現今台大醫院舊館的衝擊事實。

「我以爲自己跟台灣的緣分，是從二〇〇七年外派到台北才開始的，或是二〇〇〇年第一次來旅遊就開始的，頂多也是這二十一年的事。不過在我完全不知道的情況下，其實是從阿祖的時代，就已經開啟我們家族跟台灣的緣分，就像一條看不見的線，跨越時空緊緊牽引著我，冥冥之中注定來到這裡，成就現在的我。如今我相信，台灣這片土地、台北這座城市是我的『Promised Land（約定之地）』呢！」

第一次走在台北萬華的街頭，馬場感受到難以言喻的懷念、似曾相識的感覺湧上心頭，也不會是偶然而已吧。

再過不久馬場將屆花甲之年。「六十歲的你，現在想做什麼呢？」對於那天乾哥的提問，馬場已提前實現他的答案了，那麼今後他的目標是什麼呢？

「我有三個目標。身爲創作歌手，寫出一首招牌歌，可以被傳唱的歌；身爲演員，演出會留在大家記憶的作品；身爲作家，寫出後世人也值得閱讀的文章。」

最後，馬場要介紹他自創的座右銘「不要後悔昨天，也不要猶豫明天」，活在無悔也無憂的當下，在他的約定之地，享受每一天的斜槓人生。

攝影／吳英奇

「就像一條看不見的線，跨越時空緊緊牽引著我，冥冥之中注定來到這裡，成就現在的我。如今我相信，台灣這片土地、台北這座城市是我的『Promised Land（約定之地）』呢！」

# 後記

本書收錄二〇一七年九月到二〇二一年十月，超過四年的期間，筆者發表在日本多語言媒體網站《nippon.com》的專欄「在臺灣扎根的日本人」系列之採訪專文二十三篇，以及筆者在該網站發表的另一篇文章，再加上特爲本書撰寫的筆者本人故事一篇，合計二十四篇文章結集成冊。

過去在專欄逐篇發表文章之際，每回合作的中文譯者不盡相同。這次出版時，爲了消弭每篇譯文之間的語感落差、兩岸三地使用的詞彙不同，故統一交由翻譯統籌重新翻譯編修，並更新部分受訪者的故事。

「在台灣扎根的日本人」其實非常多，而本書的受訪者只是偶然與筆者的緣分稍微深一些而已，且筆者曾從事國際文化交流的工作二十年，因此原先就設定受訪者以文化藝術領域爲主。尚有衆多深耕台灣的精彩人物無法一一採訪，敬請諒解。

受訪者之中，有些人甚至本來不知台灣在何處；有些人原先住在日本以外的他國。雖然過往他們如此不同，卻都被神奇的命運牽引到台灣。也都曾困惑於生活習慣之差異，面臨異國文化衝突，慢慢的消化、接納了這些迥異，再過一段時間便逐漸將自己融合爲台灣風景的一部分。筆者認爲這個接納異國文化的過程與結果，就是在這片土地扎根。

筆者認爲台灣文化有三大特色：「接納」、「多元」、「靈活」。隨著採訪和編寫的進行，筆者發現「在台灣扎根的日本人」的共同點，就是在接觸台灣文化之後，都能把這三大特色內化成自己的一部分。換言之，每位受訪者多少都有「台灣化」的傾向。其實這也是貫徹本書的另外一個主題呢！

有兩位受訪者最近因故待在日本，一位是小路輔先生，他原本就是過著隔週往返東京、台北的雙城生活，意外被延燒的疫情阻隔回不了台灣。但他依舊創辦雜誌《初耳／hatsumimi》不停地向日本讀者介紹此刻的台灣，也一直支付著台北的家與辦公室的房租。他計畫在疫情趨緩的將來，還要回台開創新事業。

Iku 老師則因爲住在日本的父親生病，二〇二一年八月底，他不得不帶著妻女急忙趕赴日本的老家。但是將來若情況允許他也會回來。雖然這兩位暫時離開台灣，但筆者覺得他們的心與根都還留在台灣，所以決定仍然收錄他們的故事。

受訪者之一的木下諄一先生，首次用中文創作的小說《蒲公英之絮》，榮獲二〇一一年第十一屆台北文學獎，作品裡出現這樣的一句話：

「如蒲公英之絮般，隨時間的風飄蕩著，在空中流浪、遠渡重洋，落腳在——台北。」

本書所介紹的每一位「在台灣扎根的日本人」也宛如蒲公英之絮，隨風飛翔各自扎根在台灣這片土地，而台灣是這些蒲公英之絮的 Promised Land「約定之地」。筆者約莫十年前已經創作了這首歌：

## Promised Land

作詞・作曲：馬場克樹／歌詞中文翻譯：石學昌

Promised Land 街角に人の優しさ あふれている
Promised Land 亜熱帯の風に僕は吹かれている

別れと出会い重ね 今の僕がある
すべてはつながってくきらめく空の下で
Promised Land バイクの群れが僕の鼻唄かき消してゆく
Promised Land いつしか僕もこの街の風景の一部になる
涙も張り裂けた夢もこの場所へ続く道のり
すべてはつながってくかがやく星の下で

＊＊＊

Promised Land 街角滿溢著人們的溫情
Promised Land 亞熱帶溫潤的徐風 繚繞我身
別離與邂逅交織重疊才有今日的我

在輝煌閃爍的天空下 一切悉數相繫
Promised Land 我輕聲哼唱的聲音 被摩托車的陣丈淹沒
Promised Land 曾幾何時 我也漸與街上的風景融合爲一

淚水和皸裂的夢 都是延伸到此處的道路
在耀眼奪目的星辰下 一切悉數相繫

筆者過去從事國際文化交流工作，二〇〇七年起派駐在台三年半，那段期間逐漸因爲認同台灣這片土地、台北這座城市是自己的「約定之地」，離任台灣之後，便於二〇一一年有感而發的寫下這首歌曲。雖然此曲原本只是乘載個人對台灣的想望，但在四年前隨著專欄採訪持續向前推進，筆者慢慢的察覺到其實對所有受訪者而言，台灣也是他／她們的「約定之地」。所以與出版社討論後就決定書名爲《約定之地》，副標題是「24位在台灣扎根的日本人」。

每一部電影、電視劇必定有專屬的主題曲，筆者想著書籍也可以有啊！故將這首

〈Promised Land〉作為本書約定之地的同名主題曲，掃描本書開頭的 QR Code，可以透過連結欣賞致讀者限定版的主題曲 MV。筆者同時也是創作歌手，想把這首歌當成送給讀者朋友的小小禮物，也獻給「在台灣扎根的」所有朋友們，將歌聲化為筆者對您們的加油聲。

最後，對於決定出版本書的時報文化出版社董事長 趙政岷先生、一直陪伴筆者的人本線主編 李筱婷小姐、人文科學線企劃 林進韋先生、幫筆者介紹時報文化李主編的前衛出版社編輯 楊佩穎小姐、幫忙撰寫「推薦序」同時也是近年一直鼓勵筆者將專欄文章結集出版的日本資深媒體人 野島剛先生、日本媒體網站《nippon.com》編輯 高橋郁文先生、擔任翻譯統籌的 亞廁仁子小姐、專程爬上觀音山硬漢嶺幫忙拍攝封面照片的攝影師熊谷俊之先生、封面設計師兒日設計 倪旻鋒先生、接受採訪熱情分享個人生命歷程的二十三位受訪者，藉此表示由衷的感謝！

另外，對於主題曲〈Promised Land〉的製作團隊——擔任製作人／編曲／錄音／演奏薩克斯風、橫笛、貝斯、打擊樂器的音樂才子 三浦穰先生、企劃統籌／混音 馬場格先生、配唱／製作 MV 的八得力樂團夥伴 林助家先生、母帶後期製作的資深工程師 陳陸泰先生、鋼琴手 稻荷周佑先生，還有贊助音樂製作費的 蕭秀吟小姐，也在此表示深深的敬意與謝意！

祈願疫情早日結束，人們能夠恢復過去與世界安心往來的正常日子，也祝福讀者皆能平安健康順心愉快。

馬場克樹　於台北

二〇二一年十一月吉日

別離與邂逅交織重疊
才有今日的我
在輝煌閃爍的天空下
一切悉數相繫

VIEW110

# 約定之地：24位台灣扎根的日本人


作　者—馬場克樹
翻譯統籌—亞麻仁子
封面攝影—熊谷俊之
主　編—李筱婷
企　劃—林進韋
封面設計—兒日設計

總編輯—胡金倫
董事長—趙政岷
出版者—時報文化出版企業股份有限公司
一〇八〇一九台北市和平西路三段二四〇號七樓
發行專線—（〇二）二三〇六—六八四二
讀者服務專線—〇八〇〇—二三一—七〇五
（〇二）二三〇四—七一〇三
讀者服務傳真—（〇二）二三〇四—六八五八
郵撥—一九三四四七二四時報文化出版公司
信箱—一〇八〇一九台北華江橋郵局第九九信箱
時報悅讀網—http://www.readingtimes.com.tw
時報出版臉書—http://www.facebook.com/readingtimes.fans
法律顧問—理律法律事務所 陳長文律師、李念祖律師
印　刷—華展印刷有限公司
初版一刷—二〇二一年十二月三日
定　價—新台幣三六〇元
（缺頁或破損的書，請寄回更換）

時報文化出版公司成立於一九七五年，
並於一九九九年股票上櫃公開發行，於二〇〇八年脫離中時集團非屬旺中，
以「尊重智慧與創意的文化事業」為信念。

約定之地／馬場克樹著 . -- 初版 . -- 臺北市 : 時報文化出版企業股份有限公司 , 2021.12
256 面 ;14.8x21 公分 . -- (View ; 110)

ISBN 978-957-13-9750-4( 平裝 )

1. 新住民 2. 人物志 3. 傳記 4. 日本

577.67　　110019514

ISBN 978-957-13-9750-4
Printed in Taiwan